I0756209

Rorik Dupuis Valder

CARNETS DE LA COLLINE

Couverture : August Macke, *Felsige Landschaft* (1914)

TABLE

Pourquoi écrire ?
L'ordre par l'anarchie

Anarchie : si le mot sonne comme une menace, c'est bien que l'autonomie fait peur — aux gens de pouvoir autant qu'aux petites gens adeptes du pouvoir. Pourtant, l'anarchie n'est-elle pas l'accomplissement politique d'une société devenue adulte ? D'une société ayant su, en s'élevant, s'émanciper de la tutelle d'une autorité qui l'infantilisait ? se défaire de l'emprise d'une autorité qui abusait de sa confiance ? À moins de considérer, anthropologiquement, qu'une majorité de gens préfèrera toujours être malmenée par une élite décisionnaire plutôt que livrée à elle-même, trouvant dans la passivité un confort immédiat, sinon une solution de facilité.

Au-delà de la fameuse « servitude volontaire » que décrit La Boétie dans son *Contr'un*, c'est aussi, plus trivialement, par simple mimétisme animal et par goût des habitudes[1] que l'homme en vient à se condamner lui-même. Les habitudes nous sont nécessaires quand elles aident à la discipline, personnelle ou collective, mais elles peuvent aussi, du fait de la paresse ordinaire des individus dans un système donné, du fait de leur tendance à préférer le statu quo et trouver refuge dans des systèmes connus — fussent-ils défaillants ou caducs —, être la cause de l'aveuglement et du malheur des gens, qui participent ainsi malgré eux, sous la pression du

1. Lire à ce sujet *Influence de l'habitude sur la faculté de penser* (1802) de Maine de Biran, philosophe d'origine périgourdine tout comme Montaigne et La Boétie.

conformisme et par les facilités de la reproduction, au dysfonctionnement général de la société.

La liberté se conquiert et s'entretient : on ne peut y prétendre sans l'exercice assidu de son esprit critique, aussi risqué et esseulant soit-il. Naturellement, il est toujours plus commode de suive le mouvement, de se satisfaire de l'illusion de la liberté : celle que proposent les idéologues et les publicitaires. Reste à passer l'épreuve du temps !

En d'autres termes, les injustices perdurent parce qu'on les laisse perdurer — en croyant qu'elles sont, dans une certaine mesure, « inévitables ». Outre le machiavélisme tribal des prédateurs au pouvoir, ne sont-ce pas le manque de solidarité — ou plus radicalement, d'empathie — d'une part, et le manque de coordination populaire d'autre part, qui permettent en effet massivement les injustices ? Le courage et la lâcheté étant, à l'époque des guerres cybernétiques, des notions toutes relatives…

Ainsi l'anarchie serait, loin de sa connotation franchement négative, loin du caractère chaotique et criminalisant qu'on ne cesse de lui donner dans l'imaginaire collectif, le privilège d'une minorité suffisamment consciencieuse et courageuse… Elle tendrait à rendre la majorité suffisamment *compétente* pour se gouverner elle-même, c'est-à-dire avec le moins d'intermédiaires — personnels et communautaires, financiers et idéologiques — possible, par une décentralisation intelligente du pouvoir. Car la compétence[2] ne doit pas être l'apanage d'une élite, mais la condition de l'autodétermination du peuple.

---

2. Précision étymologique : le mot « compétence » est issu du verbe latin *competere*, qui signifie « coïncider, correspondre » et « rechercher, aspirer à quelque chose (*petere*) ensemble, avec (*com-*) ».

L'idée est de sortir collectivement de la binarité infantilisante, assujetissante, de n'attendre ni sanction ni récompense de la part d'une autorité étatique, tout en s'en remettant à une « autorité morale » qui ne soit jamais religieuse, jamais dogmatique. Vaste programme ! quand on connaît la manie qu'a l'homme de tout catégoriser, de polariser les choses et les opposer les unes aux autres. Car fatalement, victimes de leur orgueil, beaucoup tombent dans le piège de l'antagonisme symétrisant, et par réaction en viennent à s'affirmer prioritairement *contre* plutôt que *pour* quelque chose. Or, aussi séduisants, aussi divertissants que soient le spectacle politique et ses discours radicaux ou consensuels, le progrès, invariablement, se fait dans la nuance et l'engagement — l'opposition n'étant que posture.

En ce sens, l'anarchisme souffre autant de son appropriation par les imposteurs les plus déterminés que de l'image inquiétante qu'en véhiculent les institutions et la bourgeoisie en place. De la même façon qu'il suffit de se déclarer « peintre » pour l'être aux yeux d'un public crédule, si peu que vous produisiez des monochromes en justifiant votre incompétence technique et artistique par une intention « transgressive » ou un discours « conceptuel », l'anarchiste réel et sincère — pour ne pas dire légitime — se retrouve bien souvent victime, en premier lieu, de l'anarchiste prédateur ou caricatural, plus visible et catégorisable. C'est là, de façon générale, le lot quotidien des travailleurs : devoir faire avec les profiteurs…

Le punk à chien qui se prétend anarchiste en se contentant d'aboyer des slogans anti-flics l'est sans doute un peu par son rejet effectif de l'ordre bourgeois, mais celui-ci aurait plutôt tendance à confondre anarchie (« absence d'autorité ») avec aboulie (« absence de volonté ») ! D'où l'importance de la sémantique dans la lutte contre les stéréotypes ! La négligence ne fait pas l'anarchiste, tout comme la raquette ne fait pas le joueur de tennis… Derrière le folklore et derrière l'accessoire se trouve l'homme, dont on attend qu'il fasse ses preuves.

À la devise libertaire « Ni Dieu ni maître » il conviendrait d'adjoindre celle-ci : « Ni ploucs ni mondains pour représenter le peuple ! » Vérité ! Efficacité ! Choisissons des gestionnaires plutôt que des « représentants » ; faisons de la proximité et du désintéressement les principes centraux de la gouvernance. Assez de bavardages doctrinaux, de formules d'indignation ou de conciliation, place au silence de la pratique.

Pourquoi les gens paniquent-ils à l'idée de ne pas avoir de chef ? La réponse semble assez simple : parce qu'ils ne se font pas confiance. Certes le chef peut être un modèle, une figure rassurante et inspirante, une garantie de protection pour l'enfant et la femme comme pour toute personne vulnérable, mais n'est-il pas absurde de sacraliser un individu qui, mû par quelque volonté de domination, aura dû s'abaisser à maintes compromissions pour parvenir à sa fonction ?

Il faut en finir avec le vedettariat, ce culte de l'image et de la propriété ; en finir avec l'iconisation médiatique, héritage frelaté du christianisme et du mythe du sauveur. Retrouver les joies et les préceptes de l'anonymat citoyen, de l'engagement local. Éviter les peines, éviter les honneurs : vivre avec les exigences de son environnement, sans chercher à plaire ni à déplaire.

Peut-être conviendrait-il, politiquement, de me qualifier d'anarchiste, en tout cas je crois sincèrement à une forme d'autorégulation citoyenne, au progrès humain par l'exigence ordinaire des uns envers les autres, chacun se devant de faire valoir son potentiel pédagogique lorsque la situation l'impose. La réussite de l'anarchie n'étant possible que par la responsabilisation effective de tous. Responsabiliser, c'est d'abord éduquer. Mais éduquer, c'est aussi orienter, façonner. Qui éduque qui ? telle est la question.

Aussi, les seules règles que je m'efforce de respecter au plus près, en anarchiste de culture française, sont celles de la langue et de la courtoisie — ce qui me semble déjà beaucoup ! Quoique l'insulte puisse, dans une certaine mesure, revêtir une valeur pédagogique, s'imposant comme une vérité fulgurante, primitive, devant l'abus : une manière franche de rappeler aux gens leur statut moral plutôt que social.

Par exemple, ce qui permet à un employeur tyrannique de continuer d'exercer son pouvoir de façon tyrannique est non seulement la croyance en la sacralité de la hiérarchie entretenue chez ses employés, mais aussi le peu de fois où l'on aura osé le traiter de « sale con ».

Personne n'est tenu de respecter un con, fût-il un « supérieur hiérarchique », tout comme aucune excuse ne justifie d'exécuter des ordres allant à l'encontre de la logique et de l'intérêt général. C'est là ce que j'appellerais le devoir de désobéir et l'impérieuse nécessité de remettre les gens *à leur place*. Avec un peu de chance, il est même tout à fait possible que ceux-ci vous en soient, à terme, reconnaissants ! Aussi peut-on considérer l'insulte réfractaire, adressée à plus influent que soi, comme l'expression ultime de la courtoisie populaire… Qui insulte qui ? telle est la question.

Naturellement, cela implique, lorsqu'il s'agit de gens d'autorité, d'accepter de s'exposer à toutes sortes de sanctions sociales en répercussion : chômage, déclassement, exclusion et discriminations diverses. La préservation de votre honneur et la foi en la fonctionnalité (pour ne pas dire en la justice) valent-ils ces sacrifices ? À vous d'en évaluer les bénéfices, selon vos facultés d'abnégation et de travestissement. Certains pensent s'accommoder un temps de l'humiliation, du mensonge, de la violence, pour finalement s'en accommoder toute une vie durant… Mais à quel prix ?

Néanmoins, la tyrannie la plus efficace n'est pas celle du con : invisible et systémique, elle s'étend silencieusement avec la censure, le favoritisme et toutes les formes de discrimination sociale — économique, ethnique ou idéologique. Pire, elle prend l'aspect de la démocratie.

Personnellement, j'admets ne pas être doté d'une intelligence relationnelle suffisante pour « laisser couler ». Il est vrai, cependant, que le solde de mon compte en banque se rapproche dangereusement du néant à mesure que je me rapproche de mes principes. Mais le chômage de longue durée m'aura au moins permis l'écriture de ceci. Et si ceci peut, d'une façon ou d'une autre, vous être utile, alors je n'aurai pas tout perdu !

Pendant que, dans mon entreprise désespérée d'autoédition, je me débats avec les exigences typographiques les plus diverses[3], alimentant ma manie du détail de questionnements angoissés quant à l'insertion ou non d'une espace insécable

3. Avertissement aux puristes de la typo : ne pouvant me résoudre à voir certains de mes mots sectionnés comme des fruits hors calibre, je commets le sacrilège de ne pas appliquer la césure en fin de ligne, ce qui par endroits produira des espaces rebelles plus ou moins choquantes — vous priant de bien vouloir m'en excuser.

après une virgule précédée d'un tiret cadratin fermant une incise (…), j'en viens à m'interroger sur le genre littéraire qu'il conviendrait d'attribuer à cet ouvrage. Essai ? Oui, sans doute. Mais de quelle nature ? métaphysique ? anthropologique ? poétique ? autobiographique ? Un peu de tout ça, probablement.

Réunis et présentés ci-après dans l'ordre chronologique, ces textes écrits entre 2022 et 2025[4] ont en commun de prétendre à une « philosophie par l'expérience » autant qu'à un certain travail de l'esprit, de l'Europe à l'Afrique, du personnel à l'universel, moyennant quelques tentatives d'idéal humaniste. Il ne s'agit ni d'humeurs ni de thèses, mais de réflexions et de tableaux agencés qui, si je m'en réfère aux codes éditoriaux en vigueur, feraient appartenir ce livre au genre « inclassable »…

Écrire n'est pas agir. Voilà ce qui, en tant qu'écrivain *engagé*, m'a longtemps tourmenté. Alors que je voyais en l'écriture une activité bourgeoise, improductive, tenant trop souvent de la vanité, c'est en réalisant son pouvoir d'induction, de suggestion, que je me suis réconcilié avec elle. Écrire, c'est aussi « pré-agir » — c'est *invoquer* l'action.

Avec la démocratisation des outils d'intelligence artificielle et les facilités de l'imposture, dans un monde d'hypercommunication où l'on a dangereusement brouillé les frontières du réel et du virtuel, n'importe quel petit malin peut aujourd'hui se prétendre écrivain. J'ignore s'il faut y voir une perspective tragique pour l'imagination humaine et la notion de mérite, ou s'il s'agit là d'une invitation à se dépasser, en produisant des textes qui soient les moins machinaux et

4. Un important travail d'élagage a été opéré sur le manuscrit original, de sorte à épargner au lecteur, malgré leur « potentiel littéraire », la noirceur ou l'intimité de certains textes, certains passages.

impersonnels possibles, en tout cas il est certain que l'écrivain qui entend se distinguer ne pourra désormais plus faire l'économie de l'originalité.

L'avènement de l'intelligence artificielle annonce en quelque sorte la consécration de l'assisté, cet être qui ne connaît pas l'inspiration, ballotté au gré du courant dominant et des injonctions d'en haut. Hier il comptait machinalement sur l'aide de Dieu et de l'État, aujourd'hui il s'en remet religieusement à son robot de peur de trop penser. Demain, il ira peut-être guerroyer ou se faire piquer comme un bovin pour des raisons que le bon sens ignore, armé de son mantra fétiche : « *J'ai confiance en l'Institution.* » Triste sort que celui de l'assisté, pour qui l'indépendance semble être une forme de délinquance…

On ne mesure pas bien les dégâts du suivisme. Mû par son besoin de reconnaissance et sa crainte de l'exclusion, l'homme se voit prêt à toutes les absurdités, y compris à massacrer ses congénères et forger ses propres chaînes, pour avoir une place. La tyrannie n'est possible que parce qu'il y a suffisamment de gens pour la laisser s'installer. Les tyrans, eux, sont toujours minoritaires. D'où l'importance d'une *éducation à l'indépendance*, ce que l'Institution, dans sa logique de contrôle, se garde bien de promouvoir !

Panem et circenses (« Du pain et des jeux »), les recettes du pouvoir n'ont, depuis au moins deux mille ans, pas beaucoup évolué ! Maintenez les gens dans la croyance et une raisonnable ignorance, imposez-leur des divertissements, offrez-leur des exutoires, faites en sorte de canaliser leur énergie autour de futilités, de faux conflits, et vous n'aurez plus à craindre leur rébellion. Hypnotisés par leurs écrans, ils en redemanderont. Au nom du confort, ils en redemanderont.

Par ailleurs, l'anticonformisme n'est que le conformisme d'une minorité qui entend se démarquer d'une majorité : il s'agit toujours de répondre à un besoin de reconnaissance par un groupe et d'entretenir des apparences propres à ce groupe. L'homme libre, marginal authentique, se passe rigoureusement de codes — y compris de ceux de la marginalité. Autrement dit, son indépendance n'est pas nécessairement matérialisable, identifiable : elle est évolutive. En plus de l'esprit d'initiative et de l'expérience, ce sont le discernement et l'humilité qui font évoluer cette indépendance.

Effrayant de constater à quel point l'homme est manipulable ! Trop facilement impressionnable par plus fortuné et plus influent que lui, il n'hésite jamais à délaisser tous ses principes (qui n'en sont pas) à la première occasion venue de se faire remarquer, d'acquérir un semblant de statut. Faut-il lui reprocher son inconsistance ? sa petitesse ? Non, pas obligatoirement, dès lors qu'il n'entraîne pas autrui dans son délire d'ambitieux en mal d'attention.

Cet aveuglement de l'être social, poussé à l'extrême, nous amène à des situations dangereusement paradoxales comme celle-ci, qui illustre de façon tragi-comique la perte de sens dans nos sociétés modernes : la popularisation du tatouage — d'ordinaire réservé à certains marginaux — comme accessoire de mode, soit comme un produit de la tendance servant une apparence de transgression... Loin d'être anodin (il s'agit de marquer la peau à l'encre indélébile !), le tatouage s'est répandu cette dernière décennie partout en Occident, chez des gens, parfois très jeunes, qui s'en couvrent de façon impulsive, quasi pathologique, comme en un rituel d'intégration dégénérant.

À chacun de mes retours en France, et particulièrement l'été sur les plages, je suis frappé par la nonchalance et la fierté avec lesquelles de nombreuses demoiselles d'à peine vingt ans arborent leurs tatouages de bagnard, symboles plus ou moins grossiers, plus ou moins gênants, de leur tendance autodestructrice. Comment peut-on ainsi condamner son corps (la jeunesse s'évapore plus vite que prévu !), le tamponner, le mutiler, en présentant cela comme une forme d'émancipation ou une démarche esthétique ?…

Cette généralisation du tatouage traduit en effet une marchandisation inquiétante des corps autant qu'un profond malaise sociétal, qui rappellent la servilité dont ont fait preuve la plupart des citoyens de France et de Navarre, devant l'obligation de se faire injecter un produit expérimental et potentiellement néfaste dans l'organisme, lors de l'épidémie de Covid-19.

L'ennui est que beaucoup de ces gens qui avaient « confiance » en l'Institution et en leur télévision — sans imaginer un instant que la médecine dite officielle pût être corrompue par l'industrie pharmaceutique et quelques idéologues patentés — se retrouvent désormais à combattre des effets secondaires liés à cette pseudo-vaccination, à laquelle on leur avait demandé de se soumettre au nom du sacro-saint « principe de précaution ».

« *Protégez-vous, protégez vos proches* », disait la publicité gouvernementale… Et gare à l'hérétique qui allait douter publiquement de la bienveillance de nos dirigeants… L'esprit critique n'est pas un luxe : gros chantier que celui du déconditionnement des populations, endoctrinées dès la petite enfance à l'école et en famille ! Savoir désobéir, voilà pourtant, employée à bon escient, une faculté indispensable à l'homme libre — qui est avant tout un homme juste !

En soumettant l'individu à des besoins artificiels, de consommation et de validation sociale, en exerçant sur lui une pression telle qu'il est plongé dans un état durable de stress ou de sidération, on l'éloigne de son intuition et de ce qui fait de lui un être de raison. C'est dans son incompréhension face aux évènements qu'il devient le plus vulnérable, le plus manipulable, s'accrochant aux premiers repères venus, fussent-ils insensés ou destructeurs.

Un autre exemple tabou des dérives du suivisme est la pratique rituelle, par des centaines de millions de « fidèles » dans le monde, de la circoncision, mutilation sexuelle infligée aux garçons dont le seul tort est d'être nés de parents de confession juive ou musulmane. Comment expliquer au XXIe siècle la reproduction massive d'un tel acte de barbarie, sinon par le consentement de parents irresponsables à un sadisme théocratique ?

Si être autonome consiste à *penser à tout*, alors chacun est tenu d'apprendre à penser ! Seulement, l'autonomie est-elle une demande du plus grand nombre ? Je crains au contraire que beaucoup, par infantilisme — c'est-à-dire par nostalgie de leur condition d'enfant —, se complaisent dans une forme d'assistanat, voire de semi-servitude… Vous leur ferez faire tout ce que vous voudrez, pourvu qu'ils se sachent guidés, pourvu qu'ils se sentent privilégiés : apeurez-les ou promettez-leur une récompense, et le tour est joué.

La polyvalence est la condition de l'autonomie. Plutôt que d'attendre des gens qu'ils soient spécialisés et performants dans un domaine d'activité donné, parfois jusqu'au déraisonnable — tout corps de métier ayant de nos jours ses réformistes et compétiteurs fanatiques —, il paraît plus naturel que chacun se forme « un peu à tout » en vue d'une certaine autarcie. Pourquoi n'apprend-on pas à l'école, même de façon rudimentaire, à soigner, cuisiner, coudre, jardiner, etc. ? Peut-être parce qu'une trop grande polyvalence des gens serait une menace pour l'économie nationale et ses lobbies…

Mais ne pourrait-on pas sérieusement se passer de la « nation » ? cette déité arrogante au service des industriels, des démagogues et des bellicistes professionnels ? Pour combien de temps encore devra-t-on tolérer l'existence de ces gangs de barbares en tenue que sont les armées ? Le fusil d'un soldat n'aura jamais fait que tuer légalement… Les bombes d'une nation n'auront jamais fait que détruire d'autres nations — et leurs peuples avec…

Il me semble que, dans l'évolution du monde comme dans celle de l'individu, tout est question de seuils critiques, de points de non-retour. En tant que libre-penseur et écrivain, je crois avoir franchement dépassé le stade du qu'en-dira-t-on, m'autorisant à pousser mes raisonnements toujours plus loin sur le continent luxuriant, inexploré, de l'Anarchie. Je me réjouis de ce que j'ai encore à y découvrir comme trésors d'espoir pour l'autonomie de l'homme et des peuples. Je me réjouis des amitiés à venir.

À une époque où tous les médias réunis font de la mort un spectacle quotidien, entre guerres, génocides, épidémies et faits-divers sordides, je crois qu'il devient urgent, pour le moral de tous, de réhabiliter la poésie et la métaphysique. Ce sont ces deux disciplines que je tente de concilier ici en un art hybride, parfois radical, parfois ambigu, mais toujours sincère.

Écrire ce que l'on vit et vivre ce que l'on écrit : avant la portée universelle des mots, il y a leur nécessité personnelle. Aucun automate ne pourra traduire ni remplacer cette relation charnelle, magnétique, que l'écrivain entretient avec ses idées, ses images, sa musicalité ; aucun système ne saura imiter l'audace de son pouvoir narratif et pédagogique, pourvu que celui-ci ait *quelque chose à dire*.

Et c'est aussi cet effort intime de réflexion et de formulation que le lecteur, me semble-t-il, cherche à capter en ouvrant un livre. Dans l'incertitude de la vie et la déception des systèmes, celui-ci veut avant tout s'assurer qu'il n'est pas seul. Quant à se faire consoler par une machine, je ne pense pas que cela soit des plus efficaces…

Nous avons tous besoin d'histoires. Entre évènements personnels et évènements collectifs, tout arbitraires qu'ils sont, nous repérons et collectons des signes pour les intégrer à une narration sensée, que nous faisons advenir par l'ajout de signes volontaires : ainsi l'histoire prend corps, devenant identifiable par l'effort de sélection et d'assemblage. Ce sont là les prodiges de l'imagination et de la volonté conjuguées : faire, en quelque sorte, de sa vie un roman. Poétiser le monde pour ne pas le subir.

En observant les comportements, en considérant l'influence de la peur née de l'incompréhension, il apparaît que notre goût de la narration s'impose, à tout âge, comme une nécessité : il fait naturellement de nous des créateurs, là où règnent l'arbitraire et le chaos ordinaire des choses.

Nous sommes tous des créateurs d'histoires, plus ou moins habiles, plus ou moins déterminés, selon les outils et le patrimoine culturel à disposition, selon les rencontres que nous faisons et les expériences que nous vivons. Qu'importe l'évènement, l'essentiel est de rechercher le sens.

« Faire avec »
Ce que nous devons au temps

Si le voyage est formateur, l'expatriation l'est d'autant plus dans la mesure où elle invite à comprendre, par une immersion nécessaire, des us et coutumes parfois éloignés des nôtres, parfois contradictoires ou absurdes à nos yeux ; et à comprendre en partie les comportements d'autrui comme les réflexes mimétiques d'un système local. Étant entendu que le degré d'illogisme de ces comportements est fonction du degré de corruption dudit système.

Personnellement, j'admets avoir un rapport plutôt conflictuel au temps. Enfant déjà, j'étais obsédé par les horaires, m'imposant au quotidien toutes sortes de rituels d'anticipation, pour conjurer, à ma façon, le « mauvais sort ». Depuis, j'ai facilement tendance à percevoir l'attente imposée comme une défaite de la volonté, une impossibilité révoltante de *faire* (aider, produire, aimer, progresser). Voilà une chose qui, je crois, détermine mes choix comme mes fréquentations : le respect du temps de l'autre.

Après bientôt dix ans d'expatriation en Afrique du Nord, je puis dire sincèrement que celle-ci m'a apaisé. En m'obligeant à revoir mon rapport au temps, à assimiler ses us et coutumes, l'Afrique du Nord m'a ouvert à un monde que je qualifierais de « supratemporel » ; c'est-à-dire à un monde temporellement moins contraignant, riche en « connexions » et en évènements rendus possibles par une certaine humilité devant l'attente.

Outre l'obsessionnel « *inchallah* » (« si Dieu veut ») qui ponctue ici les propos des gens de toutes conditions, c'est d'abord une certaine disposition à *recevoir* qui les caractérise dans leur ensemble. Difficile, en effet, pour un rationaliste né, de se faire aux codes tacites de la mystique… Et si le non-dit peut être perçu comme chronophage, il a aussi l'avantage et le charme romanesque de l'incertitude !

Bien que l'on puisse facilement percevoir la formule « *inchallah* » comme un aveu d'incompétence devant l'épreuve, sinon comme l'expression d'une déresponsabilisation plus ou moins malhonnête de l'individu, qui couvrirait d'impératifs superstitieux une paresse constitutive ou une inconstance non assumée, elle est aussi une manière de laisser sa place au non-maîtrisable, fût-il d'essence divine ou trivialement humaine.

Pour un perfectionniste comme moi, vivre dans un pays d'approximations a quelque chose d'assez reposant, voire de thérapeutique. Cela vous contraint à prendre de la distance par rapport aux choses, à admettre leur non-perfectibilité et à vous concentrer sur l'essentiel.

Cependant, il me semble qu'une société fonctionnelle est d'abord une société ponctuelle. Refuser la passivité étant le premier commandement du progrès.

Mais le « développement » d'une société, que l'homme occidental mesure principalement selon des critères économiques et technologiques, n'est-il pas au fond une notion toute relative ? Le « sous-développement » pouvant aussi être vu dans une certaine mesure comme un choix, non politique, mais anthropologique, pour une société traditionaliste, majoritairement religieuse et réfractaire à la modernité occidentale compte tenu de ses dérives matérialistes.

Le progrès économique et technologique n'ayant pas nécessairement d'incidence sur le progrès social et humain (dans la mesure où c'est à l'autorité politique en place qu'il revient d'œuvrer pour la réduction des inégalités), je dirais que le sous-développement d'un pays, quel que soit son rang sur la scène mondiale, s'évalue à la prévalence de l'incivilité chez ses habitants — « sous-développement » signifiant d'abord, en quelque sorte, « sous-éducation ». Reste à définir l'« éducation »…

Un exemple typique d'incivilité me vient spontanément à l'esprit : le goujat sans scrupule qui a pris l'habitude de jeter ses déchets dans la rue ou en pleine nature. Très révélateur, ce geste agressif traduit autant une incapacité à la projection qu'un égoïsme décomplexé. Objectivement, ne sont-ce pas la gestion et le respect de l'espace public qui déterminent en premier lieu le développement d'un pays ?

Il est une scène courante ici, comme dans beaucoup de pays sous-développés, qui résume bien la situation : l'automobiliste revanchard qui, se croyant tout-puissant et désireux d'affirmer son statut locomoteur privilégié, menace de faucher l'enfant ou le vieillard engagés sur le passage clouté, entretenant fièrement ce climat de tension et d'incivilités qui règne dans les villes. Terrorisme du m'as-tu-vu et du sot impulsif. Terrorisme du bigot et du bien-pensant.

Pas de progrès sans éducation de tous. Pour cela il est nécessaire que les piétons se rebellent contre les chauffards, mais surtout contre ceux qui permettent aux chauffards de se croire impunis. On juge d'abord la maturité politique d'un pays à son pouvoir de protection des plus vulnérables. Il me semble en effet raisonnable d'affirmer qu'une ville où l'on craint pour sa vie en traversant la rue est une ville d'arriérés, gérée par des arriérés, où marcher devient un acte de résistance.

Combien d'enfants à la rue ? Combien d'enfants abandonnés, abusés, battus, exploités ? Combien de malades livrés à eux-mêmes ? Telles sont les questions qui déterminent véritablement, en profondeur, le développement d'un pays. Celles qui conditionnent sa modernité, sa fonctionnalité, d'abord morales : pas de réel progrès sans résolution des injustices, sans prévention des violences. Car la condamnation est facile, mais la prévention l'est beaucoup moins…

Voilà peut-être, pour schématiser, la différence fondamentale entre une société *tribaliste*, qui n'a pas complètement intégré le « citoyennat », c'est-à-dire la communauté autonome et anonyme entre la famille et la patrie, et une société *universaliste*, qui tend à minimiser les liens du sang et l'appartenance nationale ou religieuse en faveur de lois et de principes communs à l'espèce humaine.

Si le tribalisme, en sacralisant l'appartenance, a possiblement l'avantage de renforcer la conscience solidaire et la protection au sein d'une communauté d'intérêts donnée, il induit par là même, du fait de son caractère exclusif, un certain nivellement par le bas, permettant et couvrant les abus de « profiteurs » en tous genres, allant jusqu'à bannir, voire persécuter, les membres les moins conformes. La tradition devient alors discriminatoire.

Cette injonction à la solidarité fait aussi, inévitablement, le bonheur de nombreux parasites et escrocs, spécialisés dans l'autovictimisation et le racket affectif. Il faut en effet voir le quémandage comme une agression de plus dans ce climat de tension citadin, pourri par l'envie et la vénalité. Ne soyez pas indifféremment généreux, mais justement généreux. N'agissez pas par compassion mais par désir de justice. Sachez refuser : l'exigence est un don de soi.

Les rituels de « communion populaire » ont toujours été pour moi une source d'angoisse et d'incompréhension. Devoir assister à une compétition sportive, à une réunion de famille ou à quelque évènement patriotique en feignant l'enthousiasme ? Impossible. À l'école primaire, je refusais déjà de m'abaisser à chanter *La Marseillaise*, trouvant absurde et plutôt inquiétant qu'on oblige des enfants à réciter de telles horreurs, d'une grandiloquence pénible. J'en suis encore à me demander s'il existe pour cela des gens sincèrement enthousiastes...

N'ayant jamais véritablement ressenti le besoin d'appartenance, ni été sensible à l'idée de communauté, qu'elle soit familiale, nationale, professionnelle ou autre, je dirais simplement que tout est affaire de discernement. Un patronyme, un drapeau ou un hymne ne justifient en rien l'attachement ni même le respect dès lors qu'on considère comme étant supérieure à toutes la communauté des hommes. Et c'est bien le discernement qui mène à l'indépendance, à la sortie du conformisme le plus restrictif.

De plus, en quoi devrions-nous être responsables ou solidaires de l'histoire de notre communauté ? Celle-ci nous est imposée à la naissance, voilà tout. Il revient à chacun, suivant son sens critique, de se l'approprier ou de s'en défaire.

Au-delà de la rhétorique spiritualisante de rigueur, il paraît évident que la plupart des gens ne souscrivent pas à la religion par « foi » — celle-ci n'étant jamais que l'assimilation plus ou moins forcée d'une mythologie héritée — mais par simple conformisme, sinon par mimétisme tribal. Et pour l'autorité en place, elle est avant tout un outil de contrôle des populations non éduquées — car une population éduquée se passe d'autorité, et donc de religion.

Quant à prétendre que la religion aurait une fonction sociale et nécessaire de garde-fou, c'est peut-être en partie vrai chez une minorité sous emprise, néanmoins ce dogmatisme prétendument salvateur est sans commune mesure avec les massacres humains perpétrés en son nom depuis des siècles… Et combien de générations d'enfants abusés par la promesse du paradis et terrorisés par la menace de l'enfer ? Combien d'ignorants ainsi produits ? de psychotiques ? de mythomanes ?

Par ailleurs, on ne peut concevoir la différence culturelle, à mon sens, sans comprendre que ce sont avant tout les valeurs de temporalité qui varient d'une société à l'autre. Le rapport au temps n'aurait rien d'universel ; il serait d'ailleurs la source principale des conflits entre les hommes. L'intelligence empathique consistant précisément à savoir « sortir de soi » pour diversifier les points de vue et réévaluer le comportement de l'individu en fonction d'un rapport au temps qui lui est propre.

Connaître l'autre, c'est d'abord comprendre sa culture temporelle, déterminée par son appartenance ethnique et son environnement social ; puis comprendre sa temporalité personnelle, déterminée par son environnement familial et ses expériences de vie.

Par l'uniformisation des habitudes et des intérêts, par la globalisation forcée des priorités, on finit par nier dangereusement l'« âme » des peuples. Le mondialisme, avec la colonisation numérique et la promotion de la virtualité, entraîne toujours plus la déculturation et la dénaturation de cette âme.

Par la manie de l'instantanéité et les lois de la consommation on fait de l'humanité une masse obsédée à gérer au profit d'une élite décisionnaire. En générant une demande artificielle commune on contrôle indifféremment les corps et les esprits : derrière l'offre se cache l'État policier au service de l'oligarchie.

Nous souffrons de l'accélération artificielle de nos rythmes de vie. L'emballement citadin et l'accès immédiat aux choses ont fait de nous des êtres anxieux, malheureux, étrangers aux plaisirs différés de l'homme digne. La technologie nous a perdus, disloqués. Alors, refaisons à pied les chemins qui mènent au puits, à l'école, chez l'ami. Et tirons de la marche la précieuse certitude de ne plus être seuls.

J'ai été élevé dans la société de la gestion, et puis en voyageant ou en fuyant j'ai (re)découvert la société de l'intuition. Ce sont là deux visions contractuelles d'un même monde : l'une reposant sur la méthode, l'autre sur la complicité. Finalement, il n'est pas question de prendre parti mais de faire intelligemment avec les deux.

La culture peut être anéantie d'un simple coup de pinceau : il suffit, en substance, de quelques pionniers devant la toile. La culture se renverse, non dans l'Histoire, mais dans l'intimité des hommes. Et nous participons tous les jours, par nos conduites indéterminées, à ces petits coups d'État qui font progresser le monde des adultes. C'est au contraire la conduite déterminée, tribale et machinale, qui est un frein au progrès.

La société de la gestion a atteint ses limites. Elle implose sous nos yeux, par le progrès devenu incontrôlable jusque dans les corps. J'en ai assez vu, de cette société-là. Nous n'avons pas été capables de l'arrêter à temps. Quelle espèce de coup d'État culturel fallait-il espérer pour en revenir au progrès raisonné ? Sur quel miracle judiciaire devait-on compter pour retrouver la tranquillité dans la cité ?

Au fond, le choix tient de l'impératif altruiste. Car au-delà de son confort personnel, s'obliger à choisir est une façon d'épargner aux autres la souffrance que son indécision peut entraîner chez eux.

Cependant, la croyance n'est qu'une fausse alternative à la gestion. Elle est son équivalent obsessionnel, son pendant phobique. La vérité se situant quelque part entre les deux, fluctuante, insaisissable. C'est l'inconstance qui nous fait peur et nous pousse à « fixer » les choses. L'inconstance des autres devenant plus supportable lorsqu'elle est soumise à des règles, des modèles comportementaux. Mais on ne « gère » pas les rapports humains : on les vit.

La fidélité à l'autre est sans doute l'un des préceptes les plus puissants que l'homme ait produits. C'est elle qui fait de nous des êtres raisonnables, dignes de perpétuer l'espèce.

La fidélité à un objet unique est la condition de l'ordre moderne — celui qui ne supporte plus la dispersion. N'est-ce pas en sacralisant l'union d'un homme et d'une femme, et en passant du polythéisme au monothéisme, qu'on est entré dans la nouvelle ère ?

Beaucoup confondent fidélité et soumission, ignorant que la première — attitude rationnelle en vue d'une tranquillité commune — tient du libre arbitre, et la deuxième — réponse compulsive à la peur d'être abandonné — de la croyance.

Où se situent les limites de la pathologie ? Telle est la question qui hante les braves.

La religion est l'institutionnalisation romanesque de la morale comme la loi en est l'institutionnalisation pratique. Mais en quoi l'une et l'autre s'avèrent-elles nécessaires dès lors qu'on fait de la confiance — en soi et en l'autre — le fondement moral de toute vie en collectivité ?

Les commandements religieux ne sont que la formulation dogmatique d'impératifs anthropologiques : l'homme sain sait se gouverner lui-même, il est doté de conscience pour cela. C'est donc à lui qu'il revient de veiller sur l'homme malsain…

Ainsi la loi, comme la religion, ne ferait que répondre à une réalité taboue : l'humanité serait majoritairement malade, atteinte — de façon plus ou moins grave, plus ou moins manifeste — par l'épidémie de la violence. Je ne parviens à me convaincre de cela, car ce serait sous-estimer le pouvoir de résilience humaine, et ignorer par là même l'effet salvateur du temps.

Gouverner c'est prévoir, dit-on. Mais l'anticipation systématique ne relèverait-elle pas aussi de la pathologie ? Ou serait-elle au fond, avant de satisfaire ses besoins personnels de contrôle et de gestion, une façon de préserver les autres des traumas de l'arbitraire ?

Si beaucoup font le choix de la croyance par crainte de la compréhension, la première ne vaincra jamais, à terme, la seconde. La croyance est un mauvais calcul : celle-ci ne fait qu'entretenir la peur et la paresse naturelles des gens. Mais il est vrai aussi que la compréhension demande un engagement, une sincérité et un courage particuliers.

C'est là la différence fondamentale entre *croire*, qui signifie se satisfaire de pensées, et *penser*, qui signifie ne jamais se satisfaire de croyances... En ce sens, l'on pourrait opposer les croyants, amoureux d'un idéal, aux penseurs, amoureux du mouvement.

S'approprier la légitimité de concevoir et de réaliser les choses, voilà ce qui fait de nous des hommes libres et respectables. Le courage allant de pair avec l'endurance : choisir l'un impliquant d'accepter pleinement l'autre. Je considère que le temps et l'engagement des êtres sont trop précieux pour jouer avec. C'est pour cela que j'opte toujours pour la sincérité.

La croyance en la fatalité permet sans doute d'atténuer la déception liée à la non-conformité de la réalité advenue par rapport à l'idée préalablement faite. Chaque déception est un traumatisme de passivité qu'il convient de comprendre, et non d'arranger. S'en remettre à une volonté tierce, une autorité supérieure, pour s'éviter de subir pleinement la contrariété, revient à soulager par la croyance sa peur fondamentale de l'arbitraire. Mais nous sommes tous soumis à l'arbitraire : il s'agit de *faire avec*, courageusement.

Enfin, chaque action entreprise n'est-elle pas la réponse — plus ou moins inconsciente — à une action subie ? Agir ne signifie-t-il pas se défendre, de façon différée, organisée ou obsessionnelle ? Agir pour compenser la frustration d'une passivité imposée.

Et si les avant-gardistes n'étaient que les plus intolérants avec l'idée de soumission ? De cette intolérance valeureuse qui pousse au génie créatif.

La règle est en substance d'une simplicité enfantine, mais en réalité trop peu appliquée : « Ne fais pas à autrui ce que tu ne voudrais pas qu'on te fasse. » Quand les lois de l'argent et du pouvoir se substituent à celles de l'engagement et de l'empathie, alors la collectivité sombre.

La croyance, en son mode univoque et totalitaire, est un faux ami de la raison. Celle qui nous est si précieuse dans les grandes décisions de l'humanité : faire cesser les guerres et les violences, apaiser le monde en lui apportant des réponses non dogmatiques mais courageusement incertaines, nées de la réflexion d'hommes engagés dans leur époque et leur environnement.

Les récentes recherches en neurosciences ne confirment-elles pas que l'homme sain est naturellement doté de fonctions autorégulatrices — situées dans le cortex préfrontal —, *a priori* seules responsables de sa capacité à distinguer le « bien » du « mal », en dehors de toute contrainte morale, légale ou religieuse ?

Quant à protéger la collectivité des prédateurs — c'est-à-dire des gens dont ces facultés initiales ont été en partie altérées par un évènement traumatisant, une violence subie —, il s'agit là de médecine ordinaire et de réparation psychologique, non de puissantes règles sociales qui se substitueraient abusivement — en faveur d'une autorité elle-même plus ou moins prédatrice — aux impératifs anthropologiques.

C'est assez tardivement que je me suis autorisé le bonheur, ayant toujours été hanté par la question du mérite. Il faut accepter que l'on ne peut raisonnablement tout gagner au mérite : certaines choses vous sont naturellement dues, sans effort particulier. L'amour, par exemple.

J'admets que je ne suis pas toujours facile à vivre. Qu'il m'arrive de me montrer désagréable, n'étant pas suffisamment doué pour arrondir les angles de mes principes. Chacun porte en lui une certaine musique, qu'il s'efforce de défendre comme une vérité. La mienne est alternativement franche et suggestive, elle s'adresse aux intelligences et non aux susceptibilités.

Les gens ont du mal à saisir que l'on puisse faire les choses *par principe*, c'est-à-dire non pas strictement pour soi-même, dans l'immédiat, mais pour un absolu qui à terme leur profiterait aussi. Ils manquent de vision.

En réalité, se savoir incompatible avec la tendance comme avec la contre-tendance autorisée, ne signifie pas pour autant être dans l'erreur : cela témoigne au contraire d'une certaine exigence, d'une loyauté militante envers soi-même.

Le prêt-à-penser est une sorte de fléau : il finit par transformer les hommes en marchandises. Mais notre curiosité animale nous encourage à aller toujours au-delà des croyances, aussi fonctionnelles soient-elles.

Il suffit d'une rencontre, d'un être, pour révolutionner vos perspectives, décupler vos ambitions. On ne se connaît véritablement que lorsqu'on est aimé. Il faut voir l'amour comme un propulseur, non comme une berceuse. Enfin, il peut être alternativement l'un et l'autre. Aimer quelqu'un, c'est avant tout en connaître et en épouser la temporalité. C'est compléter cette temporalité pour la rendre universelle.

Une patrie d'odeurs

Baigné des rayons fragiles de décembre, paré de son écorce calcaire aux parfums d'humus, le Périgord est égal à lui-même — aussi séduisant que décourageant. Comme le parent tout à la fois tendre et austère, il rapatrie ses enfants dispersés en une simple évocation de son histoire, défiant l'empire du béton par l'ironie de gravures rupestres multimillénaires.

Ici, un peu avant l'entrée du village, je retrouve le spectacle de ruines agricoles tel que je l'ai connu pour la dernière fois il y a une dizaine d'années. De la pérennité anarchique d'un tel ensemble me vient étrangement une vague déception, plutôt que le réconfort d'un tableau familier.

Là je reconnais, couverte d'une mousse élégante, cette pierre d'angle isolée qui, à l'âge des découvertes, me servait de marchepied pour atteindre la branche maîtresse du noyer où j'apprenais l'équilibre. L'arbre n'est plus là : peut-être a-t-il été couché par une tempête ou abattu suite à quelque maladie.

Dans mes nuits d'adulte se manifeste souvent la peur de rester perché, cette tension calculatrice à la descente de l'arbre : la distance à la terre qui s'agrandit à mesure que vous prenez conscience des risques du saut. Jusqu'à l'inévitable appropriation de ces risques. Quelqu'un qui vous attend, en bas.

Le saut réussi est dicté par l'audace. Il est toujours plus douloureux lorsqu'on le soumet à l'analyse. L'audace ne s'enseigne pas, et elle est pourtant à l'origine de choses admirables. On peut y voir là le grand paradoxe de l'éducation comme de la médecine : outre le remède apporté, avant la science, c'est en soi que se trouvent les ressources les plus efficaces, décisives.

D'une falaise, d'un pont, d'un immeuble, le défi du saut n'a cessé d'occuper mes rêves. De la crainte des dommages physiques à la nécessité de l'initiative.

Comme rappelé au rituel du songe d'enfance, je me mets à morceler minutieusement des doigts l'écorce d'un platane, trouvant en l'activité industrielle des insectes une satisfaction policière. C'est cette exigence manuelle, surgie de l'ennui champêtre, qui m'aura mené à la passion du dessin puis du piano.

La création naît du besoin tourmenté de rendre grâce à la loyauté des êtres et à la pérennité des choses. Elle n'a rien de spirituel, mais tient de l'exactitude charnelle.

Pour l'enfant, observer la nature est un apprentissage de l'harmonie et de la prédation, comme si l'une et l'autre participaient du même projet de vie.

Savoir écouter, protéger, s'imposer, s'effacer. Quand la plupart n'en retiennent que les leçons de prédation, certains font de l'harmonie une obsession artistique, politique ou scientifique. C'est là l'échec tabou de toute collectivité : la loi écrasante, irréformable, du « je ».

J'ai vécu en société comme l'animal cynique de la fable, par abandon forcé, et puis j'ai décidé de me taire. De réserver mes mots à ceux qui me réserveraient les leurs. J'ai voyagé avec l'idée que les hommes seraient plus compréhensifs dans l'exclusion du confort moderne. C'est en partie vrai.

Mais l'humilité de la pratique m'amène à penser que l'homme est, fondamentalement, partout le même : ce qu'il devient ne tient qu'à sa volonté de s'élever et d'élever les siens.

Mes plus belles rencontres sont celles de la rue, abruptes et étincelantes, d'une responsabilité qui vous échappe. Il y a tout à attendre de la rue. Les foyers, les palais, les assemblées, sont des niches à conflits, des théâtres de manipulations.

Par naïveté ou par déni, on sous-estime toujours l'ambition des gens qui nous entourent. On ne réalise pas bien à quel point elle agit sur eux comme un poison, les rendant affreusement serviles et hypocrites. La jalousie, couplée à la susceptibilité, est un véritable fléau, sourd et insidieux. Jalousie de la vieille femme envers les jeunes, du petit homme envers les grands, du pauvre envers les riches, et cætera.

Sens-tu ces regards venimeux, ces ondes négatives ? Il y a là un travail essentiel de vérité à mener : élimine de ta vie tous ceux qui, d'une façon ou d'une autre, se servent de toi. Place au désintéressement.

En refusant de céder aux pièges, sociaux et affectifs, de la domestication, on fait le choix d'une vie de sacrifices. Mais ces sacrifices ne sont rien devant l'infinie gratitude de la nature. Être libre n'a pas de sens pour l'homme moderne qu'on dépossède de sa radicalité instinctive. Être en phase avec son identité animale, n'est-ce pas cela, la liberté ? Faire du confort un objet assidu de suspicion.

Les révolutions les plus sûres se font en soi. Détruire ne demande aucune compétence particulière, quand bâtir fait appel à une foi en l'inconnu hors norme.

Regardez, le formidable instinct de construction de nos enfants sur les plages : un peu de sable humide suffit à révéler de nouvelles générations d'architectes, résolus à défendre et enchanter l'humanité de leurs bastions idéaux.

L'Afrique m'a changé. Elle m'a apaisé. De ses démonstrations secrètes et de sa dureté régressive j'ai tiré une aptitude nouvelle à la tolérance, à l'amitié. Comprendre l'Afrique, épouser sa temporalité, cela m'a obligé à choisir.

Je crois m'être désormais autorisé tout à fait la disponibilité. L'Occident voit en quelqu'un de disponible quelqu'un de suspect ; il vous est demandé de prendre part à cette grande parade hiératique du progrès, faite de gens vulgairement concernés, pour échapper à la sentence d'irresponsabilité. Mais l'Afrique est un autre monde. La reconnaissance s'y gagne à la faveur d'une endurance archaïque, elle ne s'arrachera jamais par opportunisme, dans la logique périssable des nouveaux riches.

Ici et là, des pavillons sans âme, comme choisis sur un catalogue de jouets, continuent de véroler la campagne, satisfaisant désespérément à l'*American Dream*. Fantasme du ranch, de la propriété absolue, converti en esthétique carcérale.

Je ne suis plus exercé à ce froid humide et insidieux qui vous siffle dans les oreilles, il me rend malade. Le regard échoue pensivement sur le chaos hivernal des champs de maïs calcinés et des sentiers de boue, avant de croiser celui des jeunes chiens de chasse survoltés.

Les dégâts de la tempête de l'hiver 1999, qui avait éventré ça et là les forêts, ne sont presque plus visibles. Cette nuit-là, les arbres se couchaient comme aplatis par une main de géant ; ici une toiture s'effondrait, là un panneau publicitaire s'encastrait dans la vitrine d'un magasin. Sans but ni raison, les coups pleuvaient. Je me souviens surtout du lendemain, de cette impression générale d'assourdissement mêlée à un soulagement précaire.

Vingt-cinq ans plus tard, la tempête est encore dans l'esprit des Périgourdins, alimentant les conversations les plus graves. Elle paraît si proche.

Des visages me reviennent, plus francs, plus immédiats. Celui de mon premier amour, Danaé, la fille du boucher. Rayonnante d'attention, de *sportivité.* Nos mots d'esprit sur le chemin de l'école, notre exigence commune. Nos baisers d'enfants sous les tentes de linge, l'émoi suscité par les parfums charcutiers de sa peau, dans la pesanteur de l'été.

Je me souviens de la classe du cours moyen, nos doigts s'entrelaçant nerveusement sous les bureaux, animés de ce désir précoce qui cherche encore une issue spectaculaire à la tension amoureuse, au simple bonheur des contacts.

Je revois aussi le visage d'Imrane, mon copain de classe originaire du Sahara occidental — cette bande de désert occupée par le Maroc, qui en cinq décennies de propagande coloniale n'aura cessé de marchander les voix diplomatiques en sa faveur, tentant par tous moyens de faire oublier le droit à l'autodétermination du peuple sahraoui… Je revois ses traits d'une charmante sévérité, aux reflets de bronze ; les yeux cernés, d'une profondeur alerte, attendris par l'humour partagé.

Imrane avait cette nervosité aimante qui m'était familière, que je retrouvais en moi, elle nous liait au quotidien dans nos jeux et nos plaisanteries, portant à la séduction et à un goût supérieur du rythme ; une vivacité régie par la pudeur orientale et l'art du secret.

C'est peut-être pour connaître d'autres Imrane, en prolongement d'une amitié idéalisée, que je suis parti, plus ou moins inconsciemment, vers l'Afrique. Là-bas, j'allais y rencontrer et aimer de nouveaux Imrane, avec leurs vérités, leur élégante désinvolture et leurs yeux tracés au fusain. Parfois, les choix de vie ne tiennent qu'à peu de chose : un souvenir, un parfum, un regard.

Ici rien ne pousse hormis les ronces. Et, si l'on est attentif, quelques orchidées. Toutes les plantes les plus communes finissent par abdiquer, étouffées par la pierraille et trahies par une terre trop acide.

J'aime les ronces pour leur caractère résolument impénétrable, pour cet esprit radical de coalition qui anime du même devoir les remparts de la citadelle. Ces ronces des haies qui font le bonheur des chevreuils et la saveur de nos petits-déjeuners dès la fin de l'été.

Après la récolte des mirabelles, la confiture la plus attendue est celle des mûres sauvages, qu'on cueille acrobatiquement en se livrant à l'appréhension heureuse de la rentrée des classes.

Chaque année à la fin du mois d'août c'est cette douce nervosité du commencement qui m'anime, de curiosité sauvage en nostalgie des couleurs ; je me revois en petit conquérant dans la cour du collège, à saluer timidement mes camarades et m'armer pour une nouvelle période d'intrigues et d'apprentissages.

C'est ce même souffle, appelant à la détermination nostalgique de la création, que je retrouve dans le silence des musées ou l'ambiance des stades d'athlétisme à leur fermeture.

Enseignants et éducateurs sont des gardiens d'histoires. J'ai rencontré déjà tant d'histoires d'enfants, ici et là, que j'ai l'impression de ne plus craindre le monde. Celle que j'aimerais raconter n'est ni la plus triste ni la plus insolite, mais je crois qu'elle en dit long sur l'attachement. L'attachement au geste et à la terre.

Parmi les enfants dont j'étais responsable un été que j'exerçais comme directeur de colo sur la côte landaise, il y avait ce petit Corse d'une dizaine d'années, qui grimpait aux arbres comme aucun autre. C'était un enfant vif et débrouillard, d'une gentillesse rare, imprimant à n'importe quel groupe son remarquable esprit de marche en avant. La première nuit du séjour, une monitrice trouva le jeune garçon en sanglots dans sa couchette, ne sachant que faire pour le consoler. Après plusieurs tentatives de notre part, celui-ci se résolut à nous confier, avec une émouvante confusion, qu'il ne pouvait trouver le sommeil sans humer l'odeur de l'immortelle corse. Le lendemain matin, nous appelâmes sa mère qui dut en faire parvenir par courrier express un flacon d'huile essentielle, soulageant ainsi l'enfant privé de son rituel aromatique.

Ceux qui ont connu intimement la campagne finissent toujours par se retrouver autour de leur attachement originel à la nature. Tout comme ceux qui ont connu intimement Paris n'oublient jamais sa lumière.

Cette lumière laiteuse de décembre qui adoucit les angles et les visages pour rendre chacun d'eux digne de poésie.

Il n'y a pas de perspectives comparables à celles de Paris. Pas d'aussi grands secrets que ceux de *Par-Isis*, exploit des utopistes.

Isis mère de l'humanité, en sa tendresse et sa rudesse indissociables, mère d'Horus le résilient, on a voulu t'oublier, usurper ton identité, te transfigurer en vierge à l'enfant ou en starlette de cinéma, mais personne n'a jamais pu découvrir ton voile. Quel visage vertigineux recouvre-t-il ?

Isis synthétise la nature et la nature est notre mère à tous : elle nous enseigne la patience, l'effort, l'humilité ; elle nous apprend à observer, sentir, écouter. Jamais ses humeurs ne nous contrarient car nous admettons en toutes circonstances qu'elles soient supérieures aux nôtres. Il y a dans cette hiérarchie primaire, universelle, quelque chose de profondément rassurant. Nous n'avons que des caprices, qu'il convient d'analyser et de ridiculiser devant l'imprévisible grandeur des éléments. Là est la seule autorité que je respecte : cette nature dont la force et la beauté m'ont formé. Formé à la pensée, à l'esthétique et à l'indépendance.

La nature nous arme, de deux facultés essentielles qu'elle cultive silencieusement en nous : le goût de la musicalité et l'art de l'improvisation. Tout ce qui fera de vous un homme respectable. Nous ne sommes rien à côté d'elle. Rien que de petits destructeurs et d'infimes créateurs.

La connaissance permet la relativisation. Elle n'enlève rien à notre animalité, mais c'est elle qui nous distingue, tandis que la création nous élève. Mon dos me fait mal lorsque je suis assis à mon bureau, alors dans le doute je ne travaille pas. Je me demande régulièrement, sérieusement, si notre vie ne tient pas qu'à la justesse de l'assise qui nous supporte. Si fondamentalement notre réussite ne dépend pas que de notre tolérance à la douleur du confort. Dès le plus jeune âge, on nous assied pour nous abrutir, nous sermonner, nous raconter des histoires ; on nous assied par peur constitutive de l'insurrection. Par peur de voir l'élève dépasser le maître. Nous sommes des chiens. Aux ordres de chiens supérieurs.

À l'hostilité il nous revient de répondre par l'esprit. Car l'être violent, à terme, a toujours tort : il ne résoudra rien, ne faisant que proposer, par impatience ou incompétence, l'illusion régressive et spectaculaire de la solution dans l'attente de son appropriation par un autre. La loi du Talion est la réponse des lâches : le besoin de compréhension compose en soi une force infiniment supérieure à celle qu'entraîne le sentiment d'injustice. En chaque circonstance nous sommes testés et reconnus pour notre inventivité. Notre bienveillance secrète. Ou bien, du point de vue initial — celui d'une volonté de conquête —, considérons qu'il n'y ait pas de violence supérieure à l'esprit…

Regardez-les, voûtés comme des bagnards sur leurs petits écrans portatifs, happés par la frivolité spectaculaire du monde pour ne pas avoir à l'être par sa triste complexité et ses plus lourds secrets. Vivant leurs passions par procuration, tatoués comme des bêtes, des produits certifiés de la tendance, sûrs de leurs choix morbides. Vous vous figurez qu'ils ne sont pas récupérables ? C'est faux : ils le sont tout à fait. Plutôt que des excuses, trouvez-leur un motif de révolution intérieure.

Toi, tu aurais pu m'apparaître n'importe où, n'importe quand, naissant de l'histoire que j'écrivais, la confirmant en actes et en mots affectueux. D'une approximation charmante.

Je ne te vois plus mais tu es là, partout, dans chaque tentative orchestrale de la canopée.

Souvenirs de navigation sur le Bouregreg : les pagaies se sont tues, le silence fluvial nous désarçonne car il nous renvoie soudainement à ce qui nous lie.

Tu es ce chat qui s'allonge au beau milieu de la route, splendide de désinvolture devant les évidences.

La musique nous réunit, tôt ou tard, de ses ondes de complicité mémorielle, de sa prodigieuse autorité, sans visage et sans intention. La musique répare.

Te souviens-tu de la découverte des *Forêts paisibles,* cet air de Jean-Philippe Rameau qui allait par hasard nous lier à jamais ? Cet émerveillement à deux comme au passage de la porte d'Ishtar…

L'être de calcul se dispute avec l'être de hasards ; ni l'un ni l'autre ne prendra le dessus car la vérité est entre les deux, hybride.

Toi, ne m'as-tu pas fait croire à nouveau en l'autre ?

Si l'autre vous déçoit, croyez à nouveau en lui, ne cessez pas de croire en lui, croyez en lui davantage, et vous verrez qu'il ne vous décevra plus, parce que vous ne lui en aurez plus laissé l'opportunité. *Regarde le ciel.*

L'harmonie ne se décide pas, ne s'achète pas : elle se fait avec le temps et les hommes.

Si l'image est belle, l'être est sale. Il est rempli de parasites. Et on le recouvre de vertus littéraires pour sa capacité à éteindre ces germes dans l'action sociale. Dans l'action morale. Avoir droit à l'honneur, c'est savoir épargner les autres de ses règles prédatrices. C'est être à l'avant-garde de soi-même. Par la production. Nous travaillons pour ne pas être livrés à nos parasites. Nous aimons pour ne plus être perdus. Nous aimons pour nous convaincre de notre droit à l'honneur.

Je ne possède que mon savoir-faire pour te dire combien tu me manques. L'harmonie des hommes étant formellement impossible, c'est par l'harmonie des arts que ceux-ci se consolent inévitablement. Et c'est lorsque l'art sera systématiquement monnayé que nous pourrons admettre le début de la fin des temps.

Nous réalisons que la plus belle chose au monde s'appelle « gratuité ». Cette gratuité du jeu et de la passion qui nous vient de l'enfance et que nous souffrons de ne pouvoir retrouver complètement. Beaucoup mourront sans l'avoir connue à nouveau. Je me refuse à ce monde de tromperies.

Étonnant comme les choses arrivent, terrestres et imparfaites, telles que vous les avez conçues, dans le rêve et l'écriture. Elles ne naissent plus du hasard ou du miracle, mais d'une entreprise commune : toi et moi.

Fondamentalement, nous nous jugeons les uns les autres pour nos facultés de gestion, non pour celles d'assimilation. Les compétences discriminent, les performances rendent vulnérable. Et c'est dans la vulnérabilité que s'affirment nos précieux espoirs de sens. Le couple est une machine de connaissance, une réussite de générosité, une solution composée face aux énigmes de l'angoisse.

Il ne suffit pas de traverser un océan ou un continent pour se voir métamorphosé en homme vertueux, en homme capable. C'est avant tout la peur constitutive de la trahison qu'il faut parvenir à traverser.

Quand tu n'es pas là, je me mets machinalement à la recherche d'un arbre pour m'apaiser, me rassurer de son témoignage centenaire face aux choix vaporeux et précipités des hommes. Il y a toujours un arbre, quelque part, qui résiste. Ta présence seule est l'éternité assurée du concept.

Dans la rue j'aimerais arrêter le premier venu et lui dire : « Savez-vous que la chose la plus précieuse au monde ne s'achète pas, ne se vole pas ? Elle ne s'adore pas, ne se prie pas ; elle se conquiert à la force de la pensée et, par l'action, vous habite comme la certitude d'être vivant. C'est cela, la chose la plus précieuse au monde : être habité des victoires de la pensée. Vous, avec vos slogans et gadgets, qui vous ridiculisent en plus de polluer lamentablement nos terres, n'avez-vous donc pas honte de votre défaitisme intérieur ? »

Je réalise que je suis, à jamais, un enfant de la campagne : je craindrai toujours plus les morsures de bête et les coups de vent que les catastrophes nucléaires.

Je ne suis chez moi que dans la forêt. Les arbres sont les seuls êtres attendrissants que je connaisse. Il y a chez l'homme quelque chose d'inévitablement faux. On a beau l'éduquer, celui-ci n'échappe jamais pour autant à sa misérable condition de proie. L'homme systématiquement s'enlaidit en se soumettant à plus influent que lui. Ce qui le rend beau au contraire, c'est sa force productive. L'effort — plutôt que le travail, qui est un concept discriminatoire — fait de l'homme un être désirable.

Vous vous croyez libre et vous en vantez alors que vous n'avez fait que la moitié du chemin. La liberté n'est pas exactement de choisir sa direction, mais plutôt de se savoir capable, à tout moment, de changer de direction. Ce qui est très différent.

J'aimerais tant me convaincre de l'éternité du concept. Pour me rassurer. Ceux qui n'ont qu'une parole sont les plus admirables d'entre tous. Car ils se sacrifient au nom de principes qu'ils maîtrisent, jamais au nom de valeurs qui les dépassent.

La liberté c'est aller *au-delà de* — et non *contre* — ce qui est attendu.

Cette disposition à la liberté n'a rien d'inné : elle procède avant tout de votre exigence et de l'usage militant de vos compétences.

Lorsque j'étais enfant, il m'arrivait de recevoir des mots d'amour dans la boîte aux lettres de la maison familiale. Mais j'étais sans doute à chaque fois plus désespéré que flatté devant l'affront de ces innombrables fautes d'orthographe qu'ils contenaient, me disant que je n'avais strictement rien à faire avec ces prétendantes qui ne prenaient pas la peine de s'appliquer un minimum (!). L'ironie de la vie, c'est que par la suite j'ai aimé, plus que d'autres, des personnes analphabètes, dyslexiques, muettes.

Danaé, elle, avait une écriture irréprochable.

Je n'apprécie pas particulièrement être en compagnie de gens qui me ressemblent : je trouve qu'une telle habitude a quelque chose de masturbatoire, de tristement ethnocentrique.

Je préfère la confrontation à l'*autre*, à l'inconnu. Cela stimule mon empathie.

La langue comme moyen a trouvé ses limites dans les approximations de l'élève. La langue est un totalitarisme. Laissez-vous bercer par ses règles. Impérieuse, elle autorise tous les jeux et vous façonne de ses nuances. Maîtrisez-la, partagez-la avec rigueur et conscience, et elle vous honorera. Ou vous détruira en retour.

Mais pourquoi se rendre coupable d'une nature bestiale au seul motif que l'on serait doté de la faculté de choix ? Comment justifier cette relation nécessairement conflictuelle entre la chair et l'esprit ? Ne pourrait-on pas réconcilier les deux en un projet viable et équitable ? Nous ne sommes, après tout, que des animaux évolués. Évolués au point de vouloir régresser.

De savoir si l'esprit commande la chair ou vice versa, quelle importance ? Ces deux entités qui se disputent l'exclusivité du commandement de l'être n'ont-elles pas, l'une et l'autre, fondamentalement perdu, dans la mesure où elles ne vivent qu'en pleine et entière complémentarité ? Il faut admettre que la dissociation est impossible, voilà tout. Et vivre avec cette idée-là.

Il ne suffit de rien. Un regard, un mot, un geste. Comme le signe peut être déterminant, dangereux. La continuité des choses est si fragile pour ceux qui espèrent. Elle ne tient, concrètement, qu'à leur humeur interprétative. Quelle est la durée légitime d'un choix ? Si la raison doit dominer, la domination est-elle raisonnable ?

⁂

Au petit matin je suis arraché de mon rêve de réconciliation par les toussotements du muezzin dans son micro. La voix saturée, vocalisant d'abord en do majeur, change soudain de tonalité, se faisant nettement plus menaçante. Il semblerait que le volume des haut-parleurs ait été poussé à fond ce matin, un peu comme si Big Brother sentait son autorité lui échapper, mise en péril par les besoins physiologiques de sommeil ou de libre arbitre de sa population.

Quitter le rêve comme une terre de fantasmes, une terre d'exil, pour revenir à la guerre des humeurs et des rituels. Déchirement, de la providence avortée, d'une tranquillité à nouveau menacée par la familiarité.

Je revois notre cerf-volant planer enfin au-dessus de la plage de Salé, victoire commune de la technique et de la volonté, du Nord et du Sud. Tu es là partout, à le manœuvrer acrobatiquement, amoureusement, lui trouvant une altitude, un champ de paix.

J'aime les plages de l'Atlantique pour leurs métamorphoses nocturnes, pour leur imprévisible charme : elles sont chaque jour différentes, remodelées par une marée prophétique.

Puis vient la rue, où s'inventent, à la faveur du hasard, les histoires et le destin des gens qui se croisent.

La rue est faite d'une infinité d'occasions. L'occasion vainc l'illusion par la volonté intégrale, complémentaire, de ses spectateurs devenus acteurs. Nous sommes tous des passants en droit d'être aimés. La rue est mon domaine. Je fuis les foyers pour leur malheureux système d'emprise.

La ville est trompeuse, car elle concentre la misère. Misère de l'échec et de la réussite. Misère de la sanction et de la récompense. La vérité de l'homme se découvre, hardiment, dans son rapport solitaire à l'arbre et à l'animal.

Oublier est un acte de rébellion. Félicitez-vous de votre mémoire sélective : il y a là quelque chose du réflexe de survie. N'est-ce pas précisément la faculté d'oubli qui nous sauve de l'enfer des images ? de l'accumulation stérile et encombrante des visages, des personnes, des évènements ?

La chaleur surprenante de midi annonce les premières baignades de la saison. Le vent a changé de camp, il est d'une tiédeur voluptueuse, balayant tendrement les incertitudes d'un long hiver. Il nous ramène à l'enfance, à l'amitié et au partage des bonheurs anodins de la nature : le déferlement d'une vague, l'ombre d'un saule, l'humidité d'un baiser. Il rapproche les hommes et ravive encore ton souvenir. Nous sommes là, en phase, réunis comme nous avons été séparés, discrètement, *par la force des choses*. Nous poursuivons alors notre escapade commune, remerciant seulement le vent de nous avoir conduits l'un à l'autre.

Nous souffrons et jouissons des signes. En résistants solitaires ou en éternels sceptiques. Nous les provoquons, les cultivons, les hiérarchisons. Ils sont partout, vaporeux, éphémères ou plus grossiers, et nous dépassent parfois, par leur incroyable sécurité. Mais tout signe est, par définition, destiné à mourir dans le temps. Et c'est précisément de la mort du signe que naît la vérité du temps. Celle des amants, des catastrophes naturelles ou des grandes manœuvres de l'élite. Je ne sais si la patience relève de la raison adulte ou d'une forme de défaitisme, mais il me semble qu'elle est un choix fondamental dans la politique de l'homme. La patience est l'accomplissement des signes que l'impatience aura produits. Nous sommes tous en constant apprentissage. Et la seule langue étrangère que j'ai l'ambition de maîtriser est *la tienne*.

L'amour c'est d'abord souffrir à deux.

On parle de soi pour parler du monde. Toute littérature tient de la mise en garde. Les gens semblent hésiter à vous croire lorsque vous leur dites de quoi est faite votre vie. Ils vous traitent de personnage de film. Vous n'osez les traiter de figurants. La mémoire, parfois, vous fait défaut. Vous écrivez en réalité pour des raisons pratiques : pour ne pas oublier certains visages, certaines expériences de vie, desquelles il vous semble nécessaire de tirer des enseignements. Toute vie est fluctuation.

D'après vous, quelle est l'unique condition à la réussite en société ? La compétence ? le travail ? l'engagement ? Non, l'obéissance. L'obéissance aveugle aux lois du plus influent. C'est ce qu'on pourrait raisonnablement appeler l'intelligence scolaire. Chez l'adulte normalement constitué, celle-ci disparaît en faveur de l'esprit critique, mais la plupart des gens se complaisant dans l'illusion d'une enfance éternelle, cette faculté de subordination s'impose alors comme un aveu d'impuissance productive. Car penser, créer, sont des devoirs citoyens au-dessus de leurs forces.

Je reviens à ce que j'aime. J'ai donné de moi, ici et là, parfois avec conviction, mais rien ni personne ne vous revient pleinement. Il me semble que l'ingratitude des uns doit servir de prétexte à l'exigence des autres. Et c'est par l'exigence qu'on fait progresser le monde. Parce que le confort nous abîme. C'est au contraire la recherche de l'épreuve qui nous maintient dans la jeunesse.

Il m'arrive de *corriger* les gens mais peut-être est-ce présomptueux de ma part. Peut-être devrait-on simplement *faire avec*.

On annonce la guerre. J'ai une sainte horreur des orateurs car je les connais : leurs discours datés ne sont que de pauvres entreprises de séduction. Leur éloquence et leur popularité ne tenant pas à la force des mots mais au pouvoir du microphone. On ne me fera pas croire aux évènements. Les catastrophes, les consécrations, la naissance ou la mort. Non, tout cela est tristement prévisible. Mais il faut garder le plus réjouissant.

L'unique évènement que je tolérerai comme tel est celui de mes retrouvailles avec l'ami perdu.

Non, il n'y aurait là que hasard et continuité.

La perte n'est que provisoire. Quelque chose dans l'air me le fait penser. Une tension qui n'a pas faibli, jamais.

Nous vivons tous dans la peur de l'abandon. Au fond, la certitude n'a rien d'humain. Il n'y a que les machines qui soient strictement dépendantes de leur programme. La peur originelle de l'abandon est le moteur de l'homme engagé, de l'homme amoureux. Nous nous battons pour être aimés, dans la constance et l'équité. Tous les autres combats, aussi spectaculaires soient-ils, ne servent que de dérivatifs devant l'impossible certitude de cet amour.

S'habituer à l'absence, c'est l'apprentissage d'une vie.

Et avant de partir à mon tour, je voudrais dire ceci : « Souvenez-vous de moi comme de l'enfant qui aimait l'odeur de l'immortelle. »

Forêts aimantes

Cette forêt, j'en connais chaque racine. C'est ici que je suis le mieux, loin des moteurs et du bavardage. De son idéal anarchique et ses tentatives d'intemporalité, la forêt m'apaise autant qu'elle me stimule. J'aime sa tranquillité ambivalente, cette tension sensuelle et prédatrice qu'elle abrite conjointement, mystérieusement.

On raconte beaucoup d'histoires sur cette forêt : des « fous » y séviraient. Allez dire aux gens que la forêt est le plus sûr des endroits en ceci qu'elle vous garde de la dégénérescence du monde moderne, et ils vous prendront précisément pour un fou.

Le spectacle des hiérarchies naturelles ne convient plus à ceux qu'on a convertis à la religion du risque zéro. Ceux-là pourraient être aimés de machines, ils ne s'en apercevraient pas.

Si l'on laissait faire les véritables fous, on raserait intégralement la forêt pour y ériger un centre commercial. Ce serait là un énième crime organisé de la ploutocratie : nier la fragilité de la nature qui nous fait, celle d'une branche, d'un bourgeon, d'un scarabée. Ce serait bétonner et métalliser le monde au nom de diktats mercantiles et de pulsions consuméristes qu'on habillerait des vertus transitoires de la modernité.

Cela viendra, tôt ou tard. On maquillera le crime avec les arguments idéologiques du progrès et de la sécurité. On pourra acheter ce qu'on veut. On en sera fier. Et les gens déambuleront dans leur galerie commerciale comme dans le musée tout scintillant de la mort. D'une volonté artificielle, ils se seront soumis au nouvel ordre.

La forêt est notre dernier espace de liberté et d'intimité. Ailleurs on nous traque, on nous fiche, de peur de nous voir trop entreprenants, trop secrets. La politique du contrôle est la défaite de la confiance : ses responsables n'auront trouvé que l'emprise pour faire valoir leur projet d'ordre. Mais attendez, les hélicoptères d'État qui tournoient méchamment au-dessus de la canopée, iront-ils jusqu'à déverser leur poison conformant sur la faune détachée ?

Pour qui sait observer, les animaux sont de précieux porteurs de sens. L'homme a été corrompu par lui-même mais cela ne semble pas pour autant irrémédiable. Le progrès viable commence par la conscience de soi.

Nous pensons que la voix humaine est la seule digne de considération. Mais regardez, écoutez : la nature est la première à nous parler des évènements du monde et de nous-mêmes. Elle concentre une multitude de voix, que nos petites certitudes et nos empires technologiques nous amènent à mépriser. En réalité ce n'est guère par notre milieu que nous nous limitons, mais par notre langage.

Le milieu primitif offre au contraire une infinité de perspectives pour qui veut bien en écouter les silences. Le silence de l'homme étant d'abord la musique des bêtes et du vent. Si vous savez vous taire, la nature vous en sera reconnaissante. Elle vous gratifiera de chants et de signes qui vous serviront à la compréhension du monde et de vous-même. Vous n'avez qu'à tendre l'oreille, observer le pinson qui se pose, la vipère qui se retire et la mousse qui protège. Tout se tient si l'on sait lire. Lire la nature plutôt que la littérature trompeuse des hommes. Tout est harmonie, pour peu qu'on *veuille*.

Qui est-on ? En posant la question, vous vous piégez vous-même. On est multiple. On est changeant. La permanence n'existe que pour celui ou celle qu'on décide d'aimer. Le reste dépend de tant de facteurs conjoints, de micro-circonstances, d'héritages et de hasards triviaux, qu'il est proprement impossible d'en déterminer l'incidence de chacun. Peut-on vivre avec l'idée de la non-permanence de soi ? D'une vulnérabilité obligée face aux évènements ?

Cruelle motivation que celle-ci : c'est l'idée qui compte, et non la personne. La réussite conceptuelle devant l'emporter sur la réussite individuelle.

Imaginez les mutations vitales de l'athlète qui s'est habitué à la perfection d'un corps et se voit amputé par l'accident ou la maladie : celui qui l'aidera à trouver un nouvel idéal sera véritablement son ami.

Quand j'allais travailler de l'autre côté du fleuve, il y avait chaque matin dans le bus cet homme en fauteuil roulant, d'une distinction rare malgré l'infirmité. Toujours rasé de près, les cheveux gominés et impeccablement tirés en arrière, il s'efforçait de n'inspirer aucune compassion, ce qui faisait de lui un être conquérant, digne dans sa constance. Il m'arrivait de l'aider à descendre du bus, l'accompagnant parfois sur quelques mètres avant de lui souhaiter « bonne journée ». Je m'imaginais quelle avait pu être la vie antérieure de cet homme rendu invalide, avait-il été séducteur, tyran ou bon père de famille ? Et où avait-il trouvé la force de se *relever* d'une telle fatalité ? L'habitude avait-elle résolu en lui la perte de ses jambes ? Car il ne s'agit pas là de « faire avec », mais bien de « faire sans », ce qui est sans doute infiniment plus éprouvant…

Autour, ces congénères que j'avais voulu mépriser, avec leur lâcheté et leur hypocrisie, portaient tous en eux un talent invisible digne d'être déployé, à la faveur des échecs passés ou d'une confiance courageusement accordée. Il y a de la franchise en chacun. Certains en ont honte, alors ils la dissimulent.

Dans un jugement désespéré, façonné par une trop longue solitude, je m'apprêtais à partir, encore, lorsque tu m'apparus. Comme une évidence que je ne pouvais accepter totalement, une évidence dont il fallait nécessairement se méfier. Pourtant tu étais là, pour moi.

L'amitié d'un être suffit pour transformer plus ou moins radicalement votre vision du monde. Toi, tu as été capable de m'adoucir. Comme pour les animaux de ma forêt, je retrouvai chez toi ce sens du symbole et de la dramaturgie qui font de la vie un jeu de piste plein de petites réjouissances.

Mon problème est que je ne fais pas confiance au temps. Le temps m'angoisse quand tu n'es pas là, près de moi.

Comment, sans toi à mes côtés, me défaire de cet état d'urgence permanent dans lequel m'a plongé la déception du monde ?

Il convient d'être attentif jusqu'à la dernière seconde, car celle-ci s'avère souvent décisive : une chance vous y est donnée.

La réalité n'est rien sans l'interprétation intime qu'on en fait. Nous sommes, en toute circonstance face aux évènements, soumis à des systèmes d'interprétation culturels, des grilles de lecture communément admises, scientifiques, religieuses, rationalistes ou mystiques, qui ne sont autres que des tentatives de simplification d'une réalité fondamentalement insaisissable. Cette simplification s'avère sans doute nécessaire pour soulager la pensée et organiser la société, mais après tout, pourquoi ne pas concevoir la vie comme un roman, où tout serait matériellement et spirituellement envisageable, y compris les plus raisonnables des utopies ?

L'homme est une créature effrayante. Nous aimons les animaux parce qu'eux ne jugent pas. Eux ne pensent pas. Nous trouvons le repos dans l'instinct. Et le sport, paradoxalement, est sans doute le domaine privilégié du lâcher-prise. En sport, la percussion n'est possible que par un relâchement équivalent. C'est, assez mystérieusement, cet équilibre précaire entre concentration et abandon de soi qui fait la réussite du mouvement.

Je me demande ce qui m'a amené à devoir courir une dizaine de kilomètres par jour pour me sentir en paix avec le monde et moi-même. N'y a-t-il pas là, comme chez le toxicomane qui s'en remet à son idée fixe en augmentant la dose, un impérieux besoin d'échapper à l'ordinaire par l'excès ? À cet ordinaire morbide qui appelle commodément au désenchantement puis mène à la servitude.

Mais si l'excès peut être un piège, il est aussi la condition de l'exploit. Seulement, que faire de ce dernier ? En réalité l'exploit n'est pas plus utile que l'œuvre d'art. Cependant l'un et l'autre, par leur formulation de l'idéal, s'imposent à nous comme des nécessités formatives et consolatrices. C'est notre sensibilité devant l'exploit ou l'œuvre d'art qui nous élève parmi les esclaves.

L'on peut aisément se passer de chefs d'État. Mais pas d'artistes. L'artiste, comme le sportif, est pour son peuple un garant de l'idéal. Sans expression de l'idéal s'éteint la flamme humaine. Alors prévaut la médiocrité mathématique. Un peuple qui s'accommode de la médiocrité est voué au malheur.

Avec le temps, ce qui me frappe le plus est l'inconsistance des gens : il est si facile de les garnir, de les habiller, les rendre dociles et dépendants, y compris ceux qu'on croirait dotés de la culture et l'intelligence nécessaires à l'affirmation d'un quelconque libre arbitre. *A priori*, culture et intelligence ne garantissent en rien le discernement… En revanche, il me semble qu'on peut voir une certaine corrélation entre le discernement d'un être et son expérience de l'injustice.

Beaucoup ne « sont » ni ne « travaillent » véritablement : ils ne font qu'en donner l'impression, gonflés par leur redoutable aptitude au travestissement. Ils paraissent et paressent. Vivent dans l'attente. De quelque chose qui les orientera, plus ou moins définitivement ; quelque chose qui les sauvera, dans une certaine mesure, d'eux-mêmes.

À mon sens, l'intelligence naît de l'humilité : soyons suffisamment humbles pour nous faire à l'idée qu'en soi rien n'est définitif. La seule chose définitive ici-bas est l'amour que je te porte. Car je l'ai décidé, pour moi, comme le chef d'État décide pour son peuple. Mon amour pour toi, pour la personne idéalement indépendante que tu es, ne connaîtra pas de fin.

⁂

Chiens sauvages, hérons, geckos et tortues de la forêt reconnaissent ma foulée : ils m'ont admis, sans crainte ni déférence. J'aime leur tendresse hasardeuse, dépourvue de toute stratégie. J'aime leur silence respectueux devant la formidable logique de leur environnement. Là où le verbe est de trop.

Depuis quelques semaines, il y a ce cheval blanc solitaire, sans maître ni congénère, que je croise ici ou là aux abords de mon chemin, dans les fourrés, au beau milieu de la clairière. Sa présence, aussi étonnante qu'évidente, a un tel pouvoir symbolique que je ne parviens à savoir s'il s'agit d'une apparition, d'un produit lyrique de mon imagination. Mais non, il est bien là, à chaque fois, de son profil rassérénant, essentiel et secret, attendant distraitement *on ne sait quoi. On ne sait qui.*

Quand vous courez indéfiniment à une allure soutenue, votre vue finit par se brouiller comme en un changement d'état ; des larmes de sueur et de soulagement mêlées vous brûlent les yeux, accompagnant la douloureuse acquisition d'un certain *savoir*.

Le savoir révélé à la faveur de l'effort est l'aboutissement d'une révolution menée en soi. C'est cela qu'on appelle « endurance » : la capacité à se maintenir au-dessus de soi-même. Cette capacité n'a rien d'un don ni d'une science : je dirais qu'elle est plutôt l'expression alternative d'une certaine violence en soi.

Les quelques secondes qui suivent l'arrêt de la course ressemblent à celles de l'orgasme — dans les effluves de pin et d'eucalyptus, en s'abandonnant au bruissement des feuilles au vent, aux jeux d'ombres et de lumières sur la piste, l'on renaît.

Un jour de tempête, je profite de l'accalmie pour aller courir en forêt comme à mon habitude, espérant ne pas être assommé par quelque branche d'arbre. À peine engagé sur le sentier, je reçois sur le crâne un gros bras d'eucalyptus tombé de plusieurs mètres. Le choc me fait l'effet d'un gong intérieur, comme l'annonce d'un conflit à venir qu'il s'agira de résorber. Étonnamment, je n'ai ni plaie ni bosse, aucune douleur particulière, ce qui me semble quelque peu irréel. Par précaution, je fais demi-tour, ne voulant me livrer à des répercussions qui seraient, cette fois-ci, réelles. Pendant les deux semaines qui suivirent cet incident, je me réveillai avec des vertiges et des nausées qui attestèrent de la violence de l'impact. Puis apparurent les douleurs cervicales. Je me souviens alors du surnom que ma grand-mère m'avait donné quand, bébé, je me confrontais sans détour au monde : *Steinkopf*.

Étrange comme notre cerveau parvient à sélectionner et différer la douleur. Est-ce là la force du déni ? Le pouvoir, précisément, de l'*endurance* ?

Il me faut relater ici une autre expérience personnelle, plus éloquente encore. À l'automne 2023, je commence à ressentir un essoufflement inhabituel en courant, ainsi que des vertiges en me levant. Je me dis que ce n'est rien ; les mois passent et mon état ne s'améliore pas, il s'est peut-être même aggravé. Je continue de courir quotidiennement plusieurs kilomètres, cependant frustré de n'être aussi performant qu'avant. À l'été, je retourne à la civilisation et un proche me fait remarquer que j'ai le visage particulièrement pâle. Je décide alors de me soumettre à une prise de sang : les résultats indiquent que je souffre d'une sévère anémie. Au bord de la transfusion sanguine, je subis à l'hôpital une endoscopie, qui révèle plusieurs ulcérations à l'estomac. Depuis, pour éviter ce genre de surprise, j'essaie d'avoir mal quand cela s'impose, en proportion et en temps voulu…

Bref, il est assez fascinant de voir comment la douleur varie selon la capacité de l'être à l'ignorer ; comment la manifestation d'un mal physique et le degré de son ressenti dépendent en partie de simples déclencheurs psychologiques. La souffrance nous ramène sur Terre, elle nous sort momentanément de notre monde parallèle, nous arrache à notre survol lyrique du monde.

Est-ce la ville qui transforme les gens ? le manque traumatisant d'espace ? le règne obligé de la propriété ? la concentration ? N'est-on pas justement prédestiné, au contraire, à la dispersion ?

Sans toi ma vie ne serait pas la même : elle ressemblerait à celle des exilés qui, dans la faiblesse du désespoir et les facilités du cynisme, trouvent en la misanthropie une réponse définitive à leur exclusion. Le temps est le plus fiable des révélateurs : c'est ce que tu me fais comprendre amoureusement. Toi je t'admire, pour ton enthousiasme à toute épreuve et ton formidable esprit d'indépendance. Pour cette profonde gentillesse, sans naïveté ni exubérance, sans déférence, qui tiendrait presque de la provocation. En effet, quoi de plus intelligemment transgressif, dans un monde de vaniteux et d'aigris, que la gentillesse ?

Il n'y a jamais à transiger avec la folie grégaire, celle qui mène si facilement à la guerre, à la destruction de l'autre. Dangereux mythe du « génie collectif » : celui-ci n'existe que par les individualités qui le composent. Il est l'alibi des incapables. Cependant l'on ne peut raisonnablement, en un besoin primordial de tendresse, se passer de l'autre, c'est évident. L'autre est la plus grande des responsabilités.

Pour son intégration, l'individu est tôt ou tard amené à se livrer au communautarisme : ce qui lui importe est alors la certitude de l'appartenance plutôt que le sens de l'association. Le communautarisme, quel qu'il soit, est un conformisme. Et le conformisme, quel qu'il soit, est un totalitarisme.

Je crois qu'il y a deux alternatives possibles au totalitarisme : la solitude ou la croyance en l'âme sœur. Au fond, l'entretien du couple amoureux — comme entité créatrice échappant matériellement et affectivement aux prescriptions de la communauté — aurait quelque chose d'éminemment politique.

Quant à la solitude, celle-ci convient certainement à ceux qui n'ont plus rien à apprendre des autres.

Mais l'on peut considérer que la question de l'identité par l'autonomie est insoluble dès lors que la famille s'impose comme la première des communautés fonctionnelles. L'emprise collective s'avérant dans tous les cas inévitable.

On ne peut reprocher aux gens de céder à la pression du groupe, aux contraintes de la communauté, car il en va de leur crédit social comme de leur certitude d'appartenance. Nous sommes des individus en souffrance qui cherchons des modèles de guérison. Nos chemins étant déterminés par des choix et des évènements subis aux moments où nous sommes les plus vulnérables. Ne mesure-t-on pas sa force intérieure en fonction de son aptitude à l'autonomie et à décider intelligemment en période de crise ?

Le conformisme est le choix — plus ou moins mimétique — de ceux qui refusent de se faire confiance, et qui systématiquement comptent sur les autres pour se persuader du bon comportement à adopter. Mais qui sont ces *autres*, sinon les gardiens religieux de la médiocrité ? Tel est le défi de celui qui entend réellement se former à la liberté : apprendre à se faire confiance.

Si l'on vit sous le règne de l'insignifiance, c'est que l'on a censuré le talent. Car fatalement, les gens prennent ce qu'on leur donne. Et quand il n'y a rien à prendre, ils se satisfont du pire. Confortés dans leur malheureuse paresse, à trouver en leurs godasses un motif de ravissement.

Mais le mensonge ne dure pas. Car une personne qu'on valorise est une personne qui valorisera à son tour. Ainsi fonctionne la civilisation : par la foi ordinaire en l'humain, et par l'effort — au-delà des préjugés les plus tenaces — de ne jamais sous-estimer l'autre. Le volontarisme, souvent, fait des miracles.

Évidemment, l'exigence culturelle — comme la justice sociale — est une affaire de volonté politique supérieure. Il n'est jamais dans l'intérêt d'une autorité illégitime d'élever ses sujets. Maintenir les gens dans la croyance permet d'en maîtriser les désirs, selon les lois du marché, et de s'assurer par faiblesse le privilège de la manipulation.

La révolution des consommateurs n'aura pas lieu puisque le consommateur, dans l'illusion du confort, a été dépolitisé — c'est-à-dire dépossédé de sa force intuitive — par un système qui n'aura fait que stimuler puis entretenir ses pulsions d'achat et de reconnaissance sociale. Toute la logique néocapitaliste reposant ainsi sur la création de besoins artificiels et de fausses priorités pour alimenter une économie de marché mortifère.

En revanche, la révolution des gens exigeants aura bel et bien lieu. Car l'exigence — qu'elle soit esthétique ou politique — relève de ce précieux instinct de survie qui, de petites victoires en grands idéaux, évite à la collectivité la barbarie des prédateurs. Puisqu'aux artistes se sont substitués les communicants et qu'à la contemplation l'on préfère le voyeurisme, il est temps de déclasser le divertissement pour réhabiliter l'Art.

Complices de la grande débandade collective, nous finirions par tolérer les militants de l'ignorance au nom de l'imposture démocrate, et par rendre acceptable, voire bienséant, le port du pyjama dans l'espace public… Et chaque jour passé en société serait un jour à devoir esquiver la bêtise décomplexée de ceux que l'hypertolérance de rigueur aura rendus abominablement fiers.

Si l'on doit la perfection des cathédrales ou des musiques sacrées à la *foi*, pourquoi ne pas admettre que ces chefs-d'œuvre tiennent factuellement du génie humain ? Qu'au lieu d'actions divines et de comportements diaboliques il y ait simplement des êtres en souffrance, capables de sublimation et de perversion ?

Oui, cette foi en « *quelque chose de supérieur* », qui a animé les bâtisseurs de cathédrales comme les grands explorateurs, n'est-elle pas, avant d'être la foi naïve et subordonnée en un dieu-concept, née d'une éventuelle peur de son jugement, la foi, plus ambitieuse et plus transmissible encore, en l'humanité ? Pourquoi tant de méfiance vis-à-vis de nous-mêmes ?

C'est une certaine humanité, une certaine génération, que je répudie ; les individus, eux, ne sont que les victimes plus ou moins consentantes de leur époque. Comment vivre avec la certitude que les gens sont en majorité méchants, stupides et malhonnêtes ? Cette catégorisation morbide contreviendrait dangereusement à la responsabilité de l'artiste qui, comme le politique sincère, a fait de l'espoir sa profession de foi.

Si vous me dites le contraire, je vous croirai, pourvu que vous le disiez avec la volonté d'avancer vers ce même contraire.

⁂

Il souffle un vent d'est, tiède et chargé. Cet air qui vous caresse irrésistiblement le visage a quelque chose de régénérant. Il vous ramène aux succès intimes de l'enfance, à l'espoir de la tempête.

Les palmiers se balancent en une chorégraphie organique, admirables de souplesse et d'autorité.

Quelque chose *arrive*, du fond des âges, comme une avant-garde secrète, jamais dépassée. Un souvenir de soi, d'innocente plénitude.

Toi tu es là, au centre du paysage, debout dans la poussière de sable, inconnu du monde rampant mais pour moi historique.

Te souviens-tu de cette conversation sur la peur que nous avons eue à l'ombre d'un acacia ? De cette dispute déclenchée sous un figuier ? As-tu remarqué comme les arbres nous dominent, nous protègent de nos mots ?

Sais-tu combien me manque l'assurance de ta main ? La fébrilité de tes regards ? Ou l'inverse, peut-être.

Tu n'es qu'à quelques dizaines de mètres, pourtant. Pas même l'équivalent d'une épreuve de sprint.

Te souviens-tu de notre première rencontre ? Nos regards se sont accrochés l'un à l'autre à travers la foule et quelque chose d'inépuisable s'est mis à circuler entre nous. Quelque chose qui ressemble à l'infini, au non-mesurable.

Nous nous sommes trouvés, je t'ai reconnu, au fluide ancestral bouillonnant dans ton œil.

Toute la tendresse et la révolte contenues dans cet œil m'ont persuadé de la fraternité des hommes, que je pensais noyée dans la cohue citadine, avare et méfiante.

Magie nourricière de l'étreinte, tempe contre tempe. Puissance et fragilité jumelles du sentiment.

Avec le vent d'est me reviennent les parfums de ton épaule, de terre et d'agrume, que j'hume passionnément. La lumière déclinante sur tes longs mollets bruns et galbés, que l'audace et les reliefs de la ville ont amoureusement sculptés.

Les mollets vous soutiennent et vous propulsent, ils sont les garants privilégiés de votre contact avec la Terre. Les mollets en disent beaucoup sur le caractère de l'homme, révèlent son courage ou trahissent sa duplicité.

J'aime tes mollets pour leur authenticité, leur universalité. Je les embrasse comme des trophées : ils ont le goût de l'argan, de la certitude offerte. Ils me sont réservés.

Association explosive de nos solitudes. Nous sommes faits de la même matière : de celle qui produit les révolutions tranquilles au feu de l'union.

Voilà ce que nous sommes, toi et moi : des explorateurs. Des militants de l'espoir. L'espoir dans tout ce qu'il a de plus rude et humain.

Savez-vous ce qui nous réunira toujours ? Notre musicalité : cette ressource sûre et intuitive qu'on fait sourdre du vacarme ou d'un trop long silence.

C'est elle qui, avec notre sportivité, réconcilie et guérit.

Elle qui nous entraîne.

J'erre autour du petit port de pêche, à lire les mollets des passants et les murs des remparts, tagués de sigles maladroits, d'amour ou de révolte.

Je me perds sur les hauteurs de la ville, à déchiffrer les feuilles d'agave et les oreilles de figuiers de Barbarie, gravés de cœurs décidés et d'initiales universelles. Je cherche les nôtres, ici ou là, réunies dans une même figure.

Une nostalgie en chasse une autre, annulée par la perspective qu'offre le rempart sur la plaine ou sur la mer.

De la route je reconnais ta silhouette, ton port de tête. Tu es au pied du grand olivier. Je ne sais plus si tu t'abrites du soleil ou de la pluie. Le ciel est menaçant, chargé de teintes bleu cendré. Le vent se lève.

Non, ça me revient : le ciel derrière toi est d'un bleu azur, pesant de certitude. Le bruit des cigales obsède. La chaleur printanière révèle les odeurs de charogne et fait saillir les veines.

Visage de l'âme sœur qu'on retrouve au hasard et à la force des rêves, avec la certitude de fouler à deux un champ magnétique dédié.

Ta voix en ré mineur, vaporeuse et légèrement éraillée, est comme une caresse. Je baise tes pieds nus, brunis par le soleil et la terre, non par crainte de te perdre, mais pour me convaincre encore de ta réalité. Nous ne parlons pas la même langue. Nous nous comprenons d'instinct, comme deux chiens errants réunis par la fuite des massacres, mieux encore que si nous avions parlé la même langue. Je sais que je pourrais vivre une vie entière au pied de cet olivier, avec toi.

Gagner sa place

Sur ce morceau de plage, je réalise que notre liberté se fera de plus en plus rare. Avec l'enfer de la privatisation à tout-va et la marchandisation obsédée du monde. Avec l'insidieuse confiscation du bien commun par ceux qui prétendent, précisément, œuvrer en son nom.

Quoi de plus sacré ici-bas que l'espace public ? Ce qui échappe à la propriété, à l'arrogance du possesseur et la vulgarité du payeur ?

Il est incorrect de dire que l'espace public appartient à tous : il serait plus juste de dire qu'il n'appartient à personne. C'est cela qui fait la sacralité de l'espace public : sa pleine et inaltérable gratuité. Nous lui devons le plus grand respect.

Le malheur de l'homme moderne n'est-il pas d'abord dû à son nomadisme égocentrique, à son désengagement patrimonial ? N'est-il pas urgent de retrouver le sens de l'habitat ? *Habiter* une ville, une région, un pays, voilà une responsabilité d'homme, que le fléau de l'arrivisme et les sirènes de la virtualité numérique n'ont cessé de corroder.

Mieux encore, *cohabiter*.

Il me semble avoir connu la paix, quelque part entre Assouan et Louxor. La paix n'a rien d'acquis, rien de divin : elle est l'effort de chacun en sa volonté habitante. Elle s'incarne, se matérialise. Dans tout ce qui vous entoure et vous est offert, y compris dans le souvenir de la barbarie que racontent ici ou là les murs des temples antiques. La paix est une réponse d'endurance à l'injustice passée, à la servitude.

Pour combien de temps l'Afrique résistera-t-elle aux mirages du globalisme occidental ? Partagée entre la sujétion intéressée et la ferveur théocratique en riposte aux attaques du nouvel impérialisme libéral, elle devra elle aussi retrouver le sens de l'habitat — celui dont les mères et les paysans sont les premiers défenseurs.

Un système social, aussi défaillant soit-il, subsiste avant tout par la sacralité de certains principes de gouvernance, et en premier lieu celui de respect de la hiérarchie. Ce principe, à la base de toute organisation humaine, n'étant valable que si l'autorité en place travaille à la justice et à la réalisation de ses engagements vis-à-vis de ses subordonnés, de ses administrés.

Or, lorsque le système a à sa tête une élite décisionnaire corrompue, qui n'agit plus dans l'intérêt de la majorité, au nom d'une morale et d'un progrès communs, mais en faveur d'intérêts privés et minoritaires, dans le seul souci du maintien de ses privilèges, la désobéissance devient un devoir pour tous.

Quand l'absurde, le mensonge et la perversion gouvernent, désobéir est un devoir citoyen. Un devoir moral qui doit ignorer toute hiérarchie, et par là même toute sacralité systémique. La révolte étant alors un appel à l'équité, à la fonctionnalité et à la salubrité publique, perdues avec les lois tribales, le népotisme et les conflits d'intérêts d'une oligarchie.

Dans des sociétés où l'on fait l'apologie du parasitisme et où la servilité est la première voie d'accès à la réussite, il serait tout à fait vain d'en vouloir aux individus. Mais peut-être conviendrait-il de réestimer le rôle éducatif de la bourgeoisie traditionnelle, qui a cessé de s'imposer comme un modèle d'élégance depuis qu'elle s'est laissée dépasser par une génération de parvenus sans foi ni loi, motivés par l'appât du gain et une satisfaction tribale. C'est en assumant radicalement ses responsabilités sociales et culturelles que la bourgeoisie s'imposera à nouveau comme une entité politique féconde et respectable.

Une société qui fonctionne est une société où chacun trouve sa place (c'est-à-dire celle qui lui est logiquement due) ; une société où l'on respecte les natures et les caractères, en sachant accorder aux gens une seconde chance sans pour autant les berner dans l'arrivisme à l'américaine, avec le mythe dépassé du *self-made man*… Il est parfaitement irresponsable pour la collectivité de faire croire à l'incompétent qu'il est aussi légitime que le compétent. Les dysfonctionnements du monde occidental, atteint par un néoprogressisme déraisonné et soumis aux censures qu'impose l'hypertolérance de mise, étant précisément dus au fait qu'on n'ose plus « remettre les gens à leur place ».

Mais qu'est-ce qu'être *à sa place* ? Question délicate, presque taboue, à une époque où règnent les publicitaires et les démagogues, dont la mission consiste à faire croire, au nom de la religion égalitaire, que n'importe quel consommateur obéissant est un génie en puissance, une vedette qui s'ignore, pouvant prétendre à la gloire et la fortune au même titre que ses idoles.

Pour avoir exercé comme enseignant et éducateur auprès de publics très divers, des gamins des bidonvilles du Caire aux enfants de la haute bourgeoisie parisienne, je dirais que l'être en construction, quel que soit son milieu, est fondamentalement partout le même : il ne demande qu'à s'élever. Apprendre et comprendre. Mais une société qui pratique — plus ou moins ouvertement — le favoritisme, où le mensonge et la triche restent impunis pourvus qu'ils servent les idéologues au pouvoir, ne sera jamais fonctionnelle dans la mesure où elle préfèrera toujours un usurpateur soumis à un innovateur honnête ; alimentant les frustrations, les tensions et les conflits au sein de la population du fait des injustices ainsi permises. Quoi de plus frustrant pour un être talentueux de se voir empêché de s'élever à hauteur de son talent ?

Je n'ai rien de particulier contre les mafieux dès lors qu'ils s'éliminent les uns les autres ; mais les grands problèmes naissent toujours d'une balle perdue… Notre problème, aujourd'hui, ce sont ces communicants semi-mafieux au sommet de l'État qui prennent en otage un peuple sidéré par leur sans-gêne…

Il n'est guère étonnant de voir l'état général des consciences, la futilité et la médiocrité des conduites vu les efforts de propagande déployés par des médias de masse corrompus pour asseoir l'autorité d'une élite illégitime, trompant avec le sourire de la speakerine et menaçant avec les sermons du faux expert.

Qu'elle le veuille ou non, l'élite est autant responsable du sort du peuple que de sa propre déchéance : l'élite est le parent, et le peuple l'enfant. Mais dès lors que celle-ci renonce à ses devoirs d'élégance, c'est la collectivité entière qui s'abandonne aux facilités de l'inélégance. Alors règne le mensonge, d'une lâcheté épidémique.

En permettant l'extinction de la classe moyenne, celle des artisans, commerçants et petits entrepreneurs, garants de l'indépendance productive et de l'identité locale, on laisse la voie libre au totalitarisme des multinationales, au contrôle intégral des biens, des personnes et des idées en faveur d'une oligarchie spéculatrice. C'est là la mathématisation du monde, à l'origine de la misère humaine.

Le grand tort des peuples est de toujours sous-estimer la malveillance de leurs dirigeants — surtout lorsque ceux-ci agissent au nom d'ambitions sociales ou d'impératifs sécuritaires. Et s'il est trop difficile aux gens d'admettre, tôt ou tard, qu'ils se sont fait berner, c'est que l'acceptation des réalités demande parfois une modestie égale au courage.

Présentez-leur la plus éloquente des preuves, et ils vous traiteront d'hérésiarque. Parce que croire est toujours plus confortable, plus séduisant, que savoir. Mais imaginez l'état du monde si personne n'avait su ébranler ses habitudes en sachant, plutôt qu'en croyant : les philanthropes milliardaires seraient les maîtres et les assistés les nouveaux esclaves…

Le pouvoir restera pour moi une énigme : en quoi l'intelligence des uns devrait-elle nécessairement servir à l'abrutissement des autres ? Le vertige décisionnaire de quelques hommes justifie-t-il le mépris de millions d'autres ?

Je ne condamne pas les gens mais leurs agissements, tout comme leurs actes irréfléchis, stéréotypés ; je condamne cet opportunisme mesquin qui les asservit, les enlaidit, dénaturant les âmes et les volontés.

Je crois sincèrement que personne n'est à plaindre. Car en plaignant les gens on les déresponsabilise. Quels que soient l'environnement et les moyens employés, je respecte avant tout ceux qui *travaillent*. Ceux qui portent un projet, petit ou grand. Ceux qui se servent de leur tête et de leurs mains, sans excuses ni conditions. C'est la persévérance qui donne aux gens leur crédibilité, leur discernement, leur sex-appeal.

Choisir un camp, céder à la vulgarité. On vous laisse le choix entre la nonne et la putain alors que vous ne désirez qu'une femme. Régner c'est infantiliser, tandis que gouverner c'est responsabiliser. Il n'y a rien à attendre du tribun car le discours est en substance un expédient théorique, traître à l'intervention. La politique se chargera toujours de vous rabaisser.

En cela, la croyance arrange celui qui règne. Comme elle arrange celui qui a peur. Elle permet de dépolitiser les gens, de les déresponsabiliser en en faisant des sujets de la tendance, des obligés du faux bienfaiteur. La croyance doit se concevoir comme un procédé élémentaire de gestion des masses. En réalité, il suffirait de croire en soi autant qu'en l'autre pour parvenir à un modèle de société idéal. En avons-nous les moyens ?

Je ne m'intéresse plus à cela. Car s'y intéresser a un prix : celui de l'exclusion.

Brider les initiatives ou les circonscrire à une idéologie, telle est déjà la fonction régulatrice de l'institution scolaire. Vous ne pourrez faire un mouvement contradictoire sans être épié et soupçonné pour votre indépendance. Votre silence sera douteux, votre solitude sera douteuse, votre sincérité même sera douteuse.

Souvenons-nous de cela : quels que soient le lieu et l'époque, la vérité fait peur aux hommes, qui préfèreront toujours le confort immédiat du mensonge au vertige de l'engagement.

Regardez autour de vous, entre gueules béantes et moues arrogantes : ne partagez-vous donc pas cette impression d'abattement généralisé, de grand *laisser-aller* ? Comme si les gens s'avouaient d'un commun accord vaincus, attendant de pouvoir s'en remettre définitivement à une autorité qui les guiderait, les corrigerait d'une main de père. Une autorité qui les délivrerait de l'ennui, des mauvais choix forcés, et redonnerait un sens à leur marche.

Non, allons, en militant de l'espoir, l'on est tenu de demander — avec la politesse et la pédagogie qu'une exemplarité fraternelle impose — à celui qui traîne bruyamment des pieds, de se reprendre au nom de l'harmonie universelle du silence. En mélomane et musicien je ne cherche qu'à aider mon prochain.

Il faut briser la surface avant de rencontrer l'homme, véritablement.

Le grand problème des gens, c'est qu'ils ne savent pas s'arrêter ni se reprendre et tombent immanquablement dans la faute de goût. En faire trop ou en faire trop peu, voilà ce dont ils souffrent.

Je ne sais si cela est lié à ma nature d'esthète, mais j'ai du mal à pardonner les fautes de goût lorsqu'elles proviennent de gens *a priori* sérieux. La faute de goût doit se mériter. Pouvoir se la permettre ou pas, telle est la question.

Par exemple, porter une chemise à rayures sous une veste à carreaux constitue une faute de goût acceptable, voire intéressante, sur un éphèbe à l'allure vive, conscient de sa provocation ; mais la même association vestimentaire sur un vieux boulot au pas chancelant, qui croit bien faire ou n'a pas conscience de son allure de plouc, aura fatalement l'effet d'une insulte faite au bon goût. Tout dépend de l'intention, de la manière dont est porté l'ensemble. Et, de façon pratique, tout dépend de la fondation ; c'est-à-dire, ici, du corps nu.

La lourdeur est acceptable chez l'authentique lourdaud dans la mesure où celle-ci n'est ni feinte ni totalement volontaire, mais le lourdaud qui joue au raffiné, comme le pauvre qui joue au riche, a toujours quelque chose d'assez déprimant : on aimerait, gentiment, lui dire de « rester à sa place » pour lui éviter toute espèce d'humiliation supplémentaire.

Malheureusement, l'art du détail n'est pas donné à tous. Certains, quels que soient leurs efforts d'intégration, sont condamnés à avoir une allure de plouc, à imposer leurs choix disgracieux au monde. Et paradoxalement, plus ils cherchent à coller au bon goût, plus le bon goût les rejette. Plus ils cherchent à plaire, plus ils sont détestables.

C'est là le drame de la plupart des personnes exposées, artistes et comédiens, politiciens et journalistes, qui s'imaginent avoir une « destinée », se croient investis, en tant qu'« élus » devant la masse, d'une mission supérieure. Le pouvoir les rend trop sérieux, arrogants, prévisibles, ennuyeux. Leur statut les enlaidit, les déshumanise en en faisant des calculateurs narcissiques, des caricatures d'eux-mêmes.

Il faudrait dire à ces gens, sincèrement, qu'ils ne sont pas plus importants que leur plombier ou leur dentiste. Car un

« élu » saura-t-il réparer ses toilettes ou soigner une dent sans encombre ?

Nous sommes gouvernés par des malades, des pervers, qu'une armée de conseillers et de pseudo-journalistes tente de maintenir dans la présentabilité. Les sorciers prennent l'aspect de premiers de la classe, donnant à leur sadisme une raison administrative ou une caution citoyenne. Ils n'ont plus que leur statut pour les protéger de l'insurrection, profitant inconsciemment des derniers soubresauts de la croyance populaire en la démocratie.

Le chef d'État n'est qu'un hypnotiseur de masse. Pour sortir le peuple de la somnolence et l'emprise, il lui faudra le choc d'une tête tranchée. Ainsi nous condamnons-nous, ainsi nous rabaissons-nous, encore et toujours, à alimenter le cycle infernal de la violence ; comme si le sang versé, du tyran qu'on exécute ou du soldat qu'on sacrifie, contenait en lui quelque divine solution. Mais la paix est un défi personnel de tous les instants : aucune loi ne pourra se substituer à l'effort de chacun.

Il n'y a manifestement plus grand-chose à espérer de cette époque qui tourne à la fable rabelaisienne, où puritains et transhumanistes se disputeront à mort les faveurs exclusives de la bien-pensance, les uns munis de leur cache-sexe confessionnel, les autres de leur cache-misère idéologique…

J'exècre les dévots autant que les dépravés, qui appartiennent en réalité à la même famille des lâches. Il y a chez les uns comme chez les autres la même laideur systémique, la même propension à l'excès, à l'exhibition.

Religion et pornographie ont manifestement une origine commune : le besoin maladif de l'homme, cet être compétitif, de *fixer* les choses. Et de *plaire* selon les choses fixées. Selon les règles de la compétition. Vouloir plaire à Dieu n'est pas beaucoup plus louable que de vouloir plaire pour forniquer : dans les deux cas, l'homme se soumet — à quelque chose qu'il n'a ni pensé ni choisi.

Les gens se croient transgressifs alors qu'ils sont simplement dans la reproduction et, au fond, dans la servilité la plus efficace, faisant de l'anticonformisme un système et de la rébellion une discipline, se rendant parfaitement prévisibles pour le pouvoir auquel ils entendent s'opposer…

Il n'y a pas plus contre-révolutionnaire que le « guide de la révolution » — d'autant plus s'il doit s'acheter ! —, en ce sens que le verbe est bien souvent l'ennemi de l'action, trahissant un dangereux manque de confiance en l'instinct populaire — aussi désordonné soit-il — à l'origine du renversement effectif du pouvoir. Les mots, eux, n'ont fait que renverser les cœurs…

La véritable transgression n'a rien d'absolu ni de reconnaissable : elle est la réponse spatio-temporelle, cohérente et proportionnée, à une autorité. L'acte de transgression authentique revêt donc quelque chose d'inédit, de contextuellement surprenant, et n'admet par définition aucune réplique. C'est là un art de vie.

L'une des rares activités culturelles qu'on s'autorise ici — outre la danse de mariage, pour célébrer un amour plus ou moins arrangé — consiste à se coller devant le téléviseur géant d'un café (commerce de façade servant au blanchiment de l'argent du narcotrafic) et pousser des cris d'aliéné à chaque but marqué, en se persuadant d'avoir contribué au rayonnement du pays ou de sa tribu. Comme si le spectacle de quelques bonshommes qui courent après une balle pouvait d'une façon ou d'une autre constituer une réponse viable à la misère des populations… Mais qu'est-ce que le football sinon l'art de se servir de ses pieds ?… *Panem et circenses*, l'éternelle arnaque ! Bon sang que le chauvinisme est laid.

Allons, il faut laisser à ces gens le bénéfice du doute : après tout, ils ne font que se divertir.

Lorsque l'humeur est mauvaise, je revois toutes les personnes de bonne volonté, sorties des rangs suicidaires de la modernité, que j'ai croisées ici et là à la marge d'un progrès devenu contre-nature ; ces amis d'un jour ou d'une vie, ces paysans muets au regard étincelant, ces artisans appliqués, animés par la passion originelle de la géométrie et du service, ces gamins des rues à l'humour redoutable. Ceux qui jamais ne valideront les lois du plus fort et du plus offrant. Ceux qui ne se courbent devant rien ni personne.

Ils sont, par leur *profondeur*, ce que l'humanité produit de plus sûr comme résistance à l'empire du mensonge. Cette *profondeur*, qui est aussi fragilité, vous la détecterez dans leurs yeux.

Ils ne sont ni d'un clan ni d'une civilisation : ils sont de l'humanité.

L’enseignant réfractaire

Aux termes de « salaud » — trop univoque — et de « salopard » — trop radical —, je préfère celui de « saligaud », plus à même de désigner l’homme qui, dans l’ambiguïté de l’élégance, maîtrise ses sujets et ses coups. Sur le moment, les gens ne mesurent pas bien votre insolence car ils se laissent volontiers avoir par votre courtoisie attentionnée, pensant bénéficier d’un traitement de faveur de la part d’un homme de charme et d’esprit.

On peut faire entendre aux gens les pires infamies pourvu qu’ils s’estiment privilégiés. La lucidité de l’homme s’arrête là où commence son désir d’attention... Mais toute relation humaine, quelle que soit sa nature, contient une part d’emprise, plus ou moins intentionnelle d’un côté, plus ou moins consentie de l’autre. Ainsi va l’amour : avec le plaisir de manipuler et d’être manipulé.

N’ayant jamais tenté d’obtenir le moindre diplôme universitaire, du fait de mon incapacité nerveuse à rester assis et attentif plus d’une heure dans une salle de cours — excepté lorsque le hasard me fait l’honneur d’un charmant voisinage —, je m’efforce de ne pas infliger à mes élèves ce que je redoute personnellement comme une calamité : la contrainte de l’ennui. Aussi m’incombe-t-il de leur laisser, dans une certaine mesure bien entendu, la liberté de l’ennui...

Je crois que cet indécent échec académique a à voir avec une forme de cynisme défensif qui parfois me dépasse. J’aurais pu, c’est certain, faire carrière ici ou là, mais mon problème est que je finis souvent, en un mouvement d'orgueil mal placé, par mordre la main qui me nourrit. Quand le goût de l'indépendance devient manie, l'homme se voit prêt à tout pour sauvegarder un honneur qu'il croit, en chaque requête, menacé.

Je l'avoue : enseigner est pour moi purement alimentaire, cela n'a rien d'une vocation. D'ailleurs, dans ma situation, toute activité est alimentaire… Parfois, mes collègues m'inquiètent. Il faut être un peu perturbé pour aimer s'adresser à des enfants toute la journée, non ? Je n'apprécie pas particulièrement les enfants : c'est bête, bruyant et malodorant. Mais pas beaucoup plus que les adultes, en somme.

L'enseignant, d'année en année, voit défiler des centaines et des milliers de jeunes gens comme le bétail rentre et sort, passant d'un enclos à un autre, avec les même tics, les mêmes caractères définis. Mais il n'y en a qu'une petite dizaine dont il se souviendra véritablement : ceux qui l'auront marqué de leur vivacité, de leur gentillesse et leur singularité. Ceux-là sont ses « lieutenants », les agents spéciaux qu'il aura secrètement missionnés pour veiller à l'harmonie des mondes.

Cependant, dans une optique de réconciliation collective, il serait plutôt malvenu d'affirmer que certains cerveaux en valent mille, et que l'on pourrait ainsi se passer d'une bonne partie de la population. Car le quidam qui prétendrait cela s'inclurait de fait dans les « surhommes », et ce serait là une irrémédiable faute de goût, que les « sous-hommes » ne manqueront pas de lui faire remarquer…

En tout cas, il est conseillé de s'armer d'une certaine désinvolture pour faire cours à ces gamins superbement mal élevés, aux allures inquiétantes d'invertébrés — sans quoi vous verriez votre noble exercice d'enseignement, devant ce public de geignards arrogants censés constituer l'élite et la main-d'œuvre de demain, comme une honteuse représentation théâtrale…

Fort heureusement, il y a toujours dans un groupe une ou deux âmes, comme des apparitions célestes contrariant la routine, à sauver du fléau conformiste. C'est à elles qu'on s'accroche. Car les autres sont déjà perdus, happés par le déterminisme de classe et la douce tyrannie familiale. Il est évident qu'on doit beaucoup à ses parents ; et c'est en rencontrant pour la première fois leurs géniteurs qu'on devient indulgent avec nos élèves…

Cependant, toute généralisation est injuste : ce serait comme avoir un jour une expérience malheureuse avec un chien et déclarer dès lors, en un réflexe essentialisant, ne pas aimer les chiens ; ou pire, que tous les chiens sont à abattre. Il y aurait là une forme de malhonnêteté intellectuelle — fût-elle défensive — qui tiendrait du totalitarisme. Fondamentalement, personne n'aime les chiens méchants ; mais les chiens méchants n'ont pas nécessairement *choisi* leur méchanceté. Quant à déclarer ne pas aimer les maîtres des chiens méchants, voilà une assertion déjà plus juste.

Bien que n'ayant jamais été très réceptif au sentiment d'appartenance, c'est, paradoxalement, quelque chose que j'ai toujours su susciter chez mes élèves. La fameuse « cohésion de groupe », dont les démagogues nous rebattent les oreilles, est en réalité une énergie subtile et assez complexe à obtenir, à entretenir. Il s'agit de composer équitablement avec toutes les individualités d'une classe pour en tirer, par les lois de la complémentarité, autant de constance que d'efficacité, de sorte que chacun se sache utile. Favoriser cette cohésion demande avant tout à l'enseignant un sens particulier de l'association, mais aussi un certain détachement vis-à-vis de ses élèves et de sa fonction, l'objectif poursuivi par tous étant l'autonomie du groupe (et donc l'éclipse progressive de l'autorité). Il est bon de rappeler cela à l'enseignante imbue d'elle-même, qui materne ou terrorise ses élèves, les rendant inaptes à la réflexion et dépendants de l'autorité, au point qu'ils votent, une fois adultes, pour des tyrans…

La première consigne qu'on devrait donner à ses élèves est la suivante : « Ne cherchez pas à plaire ; ne travaillez ni pour la satisfaction de vos parents ni pour celle du prof qui vous évalue, mais pour vous-même et votre liberté. »

Au-delà des quelques licenciements que j'ai dû essuyer pour manquements au protocole, je dois reconnaître qu'il m'est de plus en plus pénible d'enseigner, ma tolérance au bruit et aux faux-semblants ayant nettement diminué ces dernières années. Est-ce moi qui évolue ou est-ce le monde qui évolue ? Les deux, forcément ! Mais en quoi l'évolution de ma personne n'est-elle plus compatible avec l'évolution du monde ? En quelle mesure l'adaptation au monde devient-elle une trahison de soi ?

Dans les actes, la notion de « bonne éducation » est toute relative. D'après mes diverses expériences de professeur de français, d'un continent à l'autre, chez les pauvres et chez les riches, chez les demi-pauvres et les demi-riches, je dirais en substance que la bonne éducation — comme la mauvaise — n'a ni classe ni frontières : elle n'est perceptible que par ceux qui en sont universellement dotés. Certains parlent du « fond » de la personne, d'autres de son « âme ». Dans les deux cas, il s'agit de quelque chose qui parle à l'intuition.

Rien ni personne ne devraient attendre ces jeunes gens. Car chaque jour est un nouvel évènement à célébrer par le travail et les souffrances de la sublimation. Engager son espoir pour un évènement est une erreur, une mauvaise habitude de prieur ou de rêveur : c'est pour l'éternité qu'il convient de travailler. Car à peine conçu, l'évènement n'est déjà plus qu'un souvenir.

La gestion de la collectivité tournera toujours à la guérilla idéologique. Les néofascistes vous diront qu'il est temps de remettre tout le monde au pas, les dévots qu'il faut retrouver le chemin de la foi, mais il n'y a d'issue — à l'échelle secrète des individualités — qu'en la confiance. Soit l'on opte pour la dictature, soit l'on admet le caractère proprement insoluble des différences.

Qu'ils soient de milieux fortunés ou miséreux, du Nord ou du Sud, c'est bien leur éducation à l'indépendance qui sauvera les uns de la folie des autres.

Enfant, lorsque j'étais réveillé la nuit par un cauchemar, je me dirigeais le plus discrètement possible vers la chambre de mes parents, espérant que l'un deux détectât ma présence. Souvent, j'attendais de longues minutes debout devant leur lit, à les regarder dormir, puis je repartais en prenant soin de ne pas faire craquer le parquet. Parfois, mon père ou ma mère sursautait à la vue de ma silhouette figée dans l'obscurité. À vrai dire, je souhaitais que l'un ou l'autre se réveillât naturellement, sans que j'eusse à interrompre volontairement leur sommeil, ce que j'aurais vécu comme un caprice honteux.

Ce souci de « ne pas déranger » m'a poursuivi pendant longtemps. S'imposer m'est toujours apparu comme une démonstration d'inélégance. En classe, bien que j'eusse la réponse à tout, je ne m'autorisais jamais à lever le doigt pour demander la parole, considérant ce réflexe comme vaniteux et déshonorant. Alors je livrais la réponse à un voisin, à qui je permettais de saisir sa chance, satisfait de le voir félicité par l'institutrice.

Mes professeurs se sont toujours agacés de cette timidité maladive, de ce « manque de participation » persistant, sans se douter que je ne ressentais aucune envie de prendre part activement à leur comédie organisée. Mais peut-être certains élèves sont-ils poussés par un besoin supérieur d'intégration, ce qui les amène à se sentir concernés.

Enfant, je ne communiquais pas. Non par mutisme, mais parce que je ne ressentais guère le besoin de me mettre en avant — ce qu'on attendait apparemment de moi. Il m'a toujours semblé qu'on est tenu d'intervenir uniquement si l'on a quelque chose de drôle ou d'innovant à partager. Le reste, à mon sens, relève invariablement de la vanité.

Les pédagogues d'aujourd'hui cherchent par toutes sortes de procédés alambiqués à rendre l'élève « acteur de ses apprentissages » — ce qui dans l'absolu sonne comme un noble objectif —, l'impliquant insidieusement dans sa propre soumission à des exigences académiques qui elles-mêmes répondent aux diktats idéologiques du pouvoir en place… C'est là le principe vaseux de liberté surveillée, avec tout ce qu'il comporte de raisonnablement malhonnête. Éminemment politique, l'éducation se trouve ainsi confiée à de bons propagandistes qui s'ignorent.

En réalité, l'enfant n'a que faire de toutes ces abstractions scolaires qu'on lui demande de maîtriser sous peine de disqualification aux yeux du groupe et de l'institution, ne cherchant qu'à s'informer à hauteur de sa curiosité et passer du bon temps avec ses copains.

Quant à présenter l'enseignant comme une figure tutélaire, de savoir, de bienveillance et d'autorité, c'est là mythifier une mission de service public qui consiste à instruire et éduquer des gamins dont les parents n'ont ni la patience ni la compétence nécessaires pour cela. Petit fonctionnaire névrosé, à l'identité trouble et à l'hygiène douteuse, l'enseignant est avant tout employé pour ses talents de comédien.

Comme la plupart des enfants me semble-t-il, ce sont les récréations et les déjeuners à la cantine qui m'ont fait aimer l'école. C'est en effet dans ces moments-là que je pouvais déployer comme je l'entendais ma science séductive auprès de mes petites camarades de classe…

À l'école primaire, je consacrais l'essentiel de mon temps à conquérir les filles qui me plaisaient, apprenant à manier l'art de la diplomatie amoureuse dans un exercice polygame somme toute assez cruel. Les mots doux, écrits clandestinement sur papier quadrillé ou glissés courageusement à l'oreille, marquaient le début de relations discrètes et durables : elles entretenaient en moi une confiance qui me faisait habituellement défaut pour toutes les choses ordinaires de la vie. Je garde de cette période, dans le secret de la campagne périgourdine, un souvenir heureux de *pouvoir*.

La séduction n'a rien, à l'origine, d'un besoin de domination : elle tient avant tout du besoin irrépressible de reconnaissance.

À vrai dire, Danaé était incontestablement ma favorite et c'est avec la conscience du garçon bien élevé que je me suis toujours efforcé de lui épargner la réalité de mes aventures parallèles. Danaé, j'en étais amoureux : je l'estimais trop pour l'initier à ces jeux sensuels auxquels je m'adonnais avec les autres.

La propriété du corps est sans doute l'une des plus grandes énigmes que l'homme ait à résoudre.

Il n'était pas question d'échouer dans mes différentes entreprises de séduction, j'en faisais un devoir visionnaire. Séduire est un jeu comme un autre, à condition de rester juste, respecter ses engagements et la temporalité de ses partenaires.

L'habitude du succès rend la contrariété trop difficilement concevable. Au lycée, ma première déception amoureuse a été d'une violence insurmontable. Et cette acné juvénile qui me défigurait, que je portais malgré moi avec une colère nouvelle, était un traumatisme supplémentaire pour le séducteur que je ne cessais d'être. Elle m'empoisonnait la vie, déterminant étroitement mes choix, mes sorties, mes humeurs.

Aussi douloureux que formateur, le chagrin d'amour nous façonne comme un sacrifice initiatique. C'est la solitude qui transforme les hommes, les rend méfiants et cyniques. Pour ne pas avoir été aimé à hauteur de mon amour, j'ai notamment emprunté la voie de la justice artistique.

La création ne relève-t-elle pas de la séduction ?

J'étais, si l'on peut dire, un enfant maniaque. La musique a été le moyen de transcrire et maîtriser ces humeurs qui m'habitaient, comme le sport a été le moyen de les concentrer et de les soulager.

À dix ans je commençai l'apprentissage du piano auprès d'une vieille bigote alcoolique, qui de sa petite règle en bois vous tapait sur les doigts à chaque fausse note, vous accablant de reproches disproportionnés qui émanaient certainement d'une lointaine frustration personnelle. Les femmes qui ont été trahies par les hommes voient en l'attention de chaque représentant de la gent masculine une occasion d'assouvir leurs pulsions de vengeance. Cette harpie malheureuse avait certainement dégoûté plus d'un élève de la pratique du piano…

Heureusement, l'expérience ne dura que quelques mois, puisque je fis ensuite la rencontre de celui qui me forma pendant sept ans, un petit Albanais fantasque aux allures de mafieux, qui jouait Rachmaninov comme personne. À vrai dire, il passait le plus clair de son temps à commenter les silhouettes féminines de passage dans la cour du conservatoire, invitant régulièrement certaines de ses jeunes élèves à assister à mes séances pour me motiver.

Je dois avouer que, dans le bouillonnement hormonal de l'adolescence, de telles initiatives pédagogiques, qui visaient à former des couples d'élèves par une pratique sensualisée de l'instrument, étaient autrement plus stimulantes que l'halitose d'une vieille prof dépressive… Le *doigté* du pianiste n'est-il pas d'abord charnel ?

Enfin je me demande si ce genre de personnage pittoresque, qui marque sa génération et son environnement, serait aujourd'hui encore toléré, dans une société de plaignants et d'enfants gâtés où les blagues grivoises non appréciées sont passibles d'emprisonnement…

En classe de terminale, le seul cours que je fréquentais était celui d'arts plastiques. En plus du besoin de créer pour communiquer et provoquer, j'avais trouvé en l'histoire de l'art un refuge de formes, de couleurs et de lumières, me passionnant en particulier pour deux courants picturaux qui ont à mon sens révolutionné la représentation du monde : la Renaissance italienne et l'expressionnisme allemand. Les musées étaient devenus pour moi des lieux de culte, de paix immédiate.

En quittant à ma majorité la maison familiale, j'ai dû abandonner tout espoir de réussite académique, trop révolté par ma propre paresse et mon rejet borné des responsabilités. Seuls comptaient ces expédients puérils et sacrificiels : le sport et la musique.

Glisser dans la marginalité, c'est en quelque sorte faire le choix de l'intransigeance. Laboratoire des arts et des modes, l'*underground* est l'espace de tous les possibles. Fondamentalement, il y a ceux qui innovent et ceux qui imitent. Et ceux qui imitent en prétendant innover. Curieusement, c'est dans cette troisième catégorie, celle des demi-escrocs, qu'on trouve le plus de candidats à la gloriole.

Oiseau de nuit à l'âme avant-gardiste, je retrouvais chez les marginaux, les paumés et les toxicos, cette sensibilité particulière, cette fragilité secrète qu'il s'agissait de protéger au nom d'une certaine contre-culture. Et il est toujours rassurant de savoir qu'il existe plus écorché, plus *perché* que soi. En relativisant son malheur, on apporte aussi son aide à ceux qui en ont le plus besoin.

Mais l'on s'aperçoit souvent trop tard de l'illusion : la descente est inévitable et le manque apparaît comme la plus terrible des sanctions. À vouloir chasser l'angoisse dans l'immédiat, on finit sa vie dans le caniveau. Pour certains, les plus vulnérables, la drogue peut être un compagnon obligé, une solution rationnelle de survie ; je ne les juge pas, si celle-ci n'est que temporaire. L'alcool est plus insidieux, car admis et bon marché.

L'autodestruction relève avant tout d'un procédé ludique, d'une mise à l'épreuve obstinément puérile de soi. On se défonce pour pouvoir « continuer à jouer », dans le regret insoluble de l'insouciance. S'autodétruire, c'est préférer se blesser avant que d'autres ne le fassent ; avant que le temps ne s'en charge. C'est, en quelque sorte, choisir le culte morbide de l'anticipation.

En réalité, rien ne permettra de retrouver cet état d'émerveillement permanent qu'est l'enfance. Il faut s'y faire. L'âge adulte est le début de la fin, la certitude médiocre et désenchanteresse de la mort. Mourir pour une bonne raison, voilà le travail de tout homme digne. Pour une bonne raison, personnelle ou universelle, mourir comme la fin d'un jeu d'enfant.

Ou bien mourir sans aucune raison, mais le faire avec style.

Ne cherchons-nous pas désespérément à revivre l'expérience de l'innocence enfantine, sans jamais y parvenir complètement ? d'où notre relatif malheur — ou du moins notre difficulté à admettre que le bonheur n'a rien d'acquis ni de spectaculaire ? C'est la gestion intime de cette perte qui vous fera appartenir à l'un ou l'autre de ces mondes *a priori* irréconciliables : celui des matérialistes, qui se seront soumis à la logique du pouvoir, ou celui des idéalistes, qui par nostalgie ou par rébellion, n'auront cessé d'être des enfants. En ce sens, toute religion n'est-elle pas qu'une forme de « matérialisme spirituel » ?…

L'adulte, dépossédé de son innocence, pourra se nourrir du bonheur du hasard. Mais le hasard n'est rien sans la signification qu'on décide de lui donner. C'est cette volonté d'interprétation qui nous sauve, nous oriente et nous pousse à l'action. Finalement, le bonheur le plus sûr ne vient pas du hasard en lui-même, mais de cet instinct qui nous échappe et en fait une certitude poétique susceptible de changer nos vies.

Mercredi, jour de marché. Ma mère, en se choisissant un manteau pour sortir, dit qu'à partir d'un certain âge on devient invisible. Ces mots me touchent, venant d'une femme d'ordinaire si peu expansive. J'imagine quelle lente détresse doit être la vieillesse, comment il convient de s'habituer à un corps de moins en moins désirable. Mais il paraît que l'on s'habitue à tout, y compris à la désérotisation forcée de soi. À moins de considérer le corps, à partir d'un certain âge, comme le témoin d'une époque révolue. Alors le souvenir prend une importance nouvelle. Souvenir partagé, heureux, de cette époque.

Devant le petit miroir de sa coiffeuse, ma mère accepte sa vieillesse avec un courage attendrissant. De son ironie ravageuse, elle se moque copieusement des femmes qui, après soixante ans, passent des journées entières chez le coiffeur pour tenter de paraître plus jeunes. Sur le même ton intraitable, elle abattait hier ces architectes prétentieux qui séduisent le badaud avec des lignes spectaculaires et des matériaux à effets, mais dont les bâtiments, à l'intérieur, manquent cruellement de chaleur et de fonctionnalité. L'artifice a quelque chose d'invariablement laid. Il trahit une lâcheté et une petitesse d'esprit qui sont les conditions malheureuses de la servilité.

Vieillir, ce n'est pas si grave : tout dépend de la manière.

Je rejoins ma chambre d'adolescent et dépoussière ma collection de disques de rock, dont certains, jamais réédités, sont aujourd'hui introuvables. Je me demande : que devient une musique qu'on ne réédite pas ? Doit-elle, malgré son génie, tomber dans l'oubli par le seul malheur de sa non-commercialisation ? Le compositeur ne travaille-t-il pas pour l'éternité ?

Une mésange vient se poser sur le rebord de la fenêtre. D'humeur loquace, elle dit observer les hommes avec amusement, parfois avec inquiétude et exaspération. Elle s'étonne toujours de les voir ainsi prisonniers de leurs certitudes, de leurs croyances et leurs habitudes, sans réelle solution. Alors je lui demande : « As-tu une solution, toi ? » Ce à quoi elle répond : « Nous, nous n'avons que l'instinct pour nous guider. » Puis la mésange s'envole en emportant avec elle tous ses secrets. Je n'ai pu la retenir, car la Liberté est son pays.

La sagesse de cet oiseau me fait penser à l'ami qui manque. Celui qui m'entraînait, m'apaisait, me comprenait. Sa main se posait sur mon épaule lorsque mon pas était trop rapide. Alors je marchais à son rythme et découvrais le monde plus sereinement, plus justement. Nous parlions le même langage. Il avait aussi ses humeurs, ses interrogations, ses blessures, et parfois se mettait à enchaîner des pas de danse, à chanter. Je voudrais lui dire : « Suis ton instinct, mon ami. Que la musique t'accompagne. »

Je crois que la « solution » n'est dans aucune des propositions connues, mais dans l'acceptation du paradoxe.

Nous croyons en ce qui nous arrange. Sans courage, aucune vérité.

Parfois, la croyance se vérifie dans l'amitié, dans l'amour d'un congénère, qui nous encourage à élever et orienter notre force créative en direction de quelque chose de *sûr*, quelque chose de partageable. Est-ce donc cela, le règne du divin ? La grâce inexpliquée des rencontres ?

De l'égalité des chances

La fin de l'adolescence est un passage décisif, souvent périlleux, dans l'affirmation des caractères. Si chez la plupart, l'âge adulte se manifeste par une défaite de soi et de l'exigence, une soumission aux disgrâces de la norme et du sérieux, chez certains c'est l'enfance, avec ses facultés rebelles d'émerveillement, qui règne encore en maître. Rester fidèle à l'enfant qu'on était, voilà à mon sens une des définitions possibles du courage.

Quinze ans est sans doute l'âge de la pleine expression de la grâce, dans ses propositions les plus inspirées, dans ses révélations les plus audacieuses ; cette grâce de l'entre-deux qui ne reviendra plus sans le choix de la sophistication, toujours inaccessible et terriblement éphémère. Au-delà de cet âge, les êtres se ternissent, adoptent des postures, se donnent un rôle ; ils perdent de leur curiosité et de leur spontanéité, deviennent lourds, suffisants. Les défauts qui dans l'enfance semblaient minimes, singuliers voire charmants, s'accentuent grossièrement pour apparaître comme de franches erreurs de la nature, trop banales et décevantes. Certains, cependant, résistent.

La grâce est d'autant plus saisissante lorsqu'elle surgit de la misère, d'un environnement rude ou peu propice, enveloppant l'être d'une permanence victorieuse, abolissant d'un mouvement les classes, les races et les représentations.

Je garde toujours en tête l'image troublante de ce garçon d'une douzaine d'années qui sonde un à un les containers de notre quartier, à la recherche de déchets à réhabiliter. Il y a dans ce visage d'une beauté criante, dans ces regards profonds et réservés, dans ces gestes maîtrisés, une dignité que je n'ai vue nulle part ailleurs. Ce petit d'homme, sans réellement le savoir, porte en lui tout l'espoir du monde devant l'injustice des naissances. Il est mon héros.

Ce qui ne cessera de me fasciner, c'est la détermination des êtres, dès leur plus jeune âge, qu'ils exploitent avec l'innocence du génie ou l'énergie du désespoir, pour échapper à la médiocrité de leur environnement, la malveillance de leur entourage. Peut-on y échapper entièrement, durablement ? En quelle mesure cette détermination demande-t-elle à être soutenue, orientée ?

Chez les champions, le potentiel n'est pas plus déterminant que l'acceptation de la discipline. Concevoir la souffrance comme étape, comme seul moyen d'accéder à l'apaisement, tient en effet d'une abnégation hors norme. Il me semble que la réussite demande une concentration et une mise en danger permanentes de soi-même, et que celle-ci est réservée aux plus « inconscients ». L'exploit, comme le crime, ignore la demi-mesure.

Au-delà de leur exceptionnelle détermination, on retrouve chez les champions, quels qu'ils soient, une origine commune : cette fragilité secrète qu'ils convertissent en une volonté redoutable de reconnaissance.

Il y a parmi les coureurs deux types de profil : ceux qui fuient un danger, un prédateur, dans l'urgence et l'instinct, et ceux qui cherchent à rattraper quelqu'un, quelque chose — retrouver un être disparu, une période révolue. La course est une façon de ritualiser la fuite, la rendre légitime. Les coureurs se mesurent les uns aux autres par leur réactivité et leur endurance devant la menace.

La peur, plus que la colère, est un moteur pour chacun. C'est la peur qui nous stimule au quotidien, nous encourage à concevoir des moyens de compensation, d'apaisement, par la production et l'engagement. Le travail étant sans doute la solution la plus viable que l'homme ait trouvée. Si l'on accepte de crever comme une bête, la vie ne doit-elle pas s'imposer comme une urgence ?

Il est certain que l'universalisme français a fait, ici et là, des miracles. Ne faut-il croire qu'aux miracles de la volonté ? En cela, l'égalité des chances n'a rien d'un caprice politique : c'est un trésor conceptuel à protéger vaillamment des violences ordinaires du favoritisme. Pas de paix durable sans justice sociale. La fidélité aux idées est un engagement de chaque instant, sans cesse renouvelé dans l'acceptation du sacrifice personnel. Pour beaucoup malheureusement, la recherche de l'intérêt général s'arrête là où commence le besoin de privilèges…

Ceux qui ont bénéficié d'instruction et de protection n'ont *a priori* aucune excuse. Mais ne soyons pas trop durs avec ceux qui ont manqué de modèles. Il faut savoir distinguer le bruit vital, animal, du bruit né de la paresse et de la perversion. Souvent les plus démonstratifs sont aussi les plus inoffensifs. Car la véritable violence, la plus durable, est dans le silence contraint des foyers et des administrations, dans la jalousie et la négligence ; elle est dans le mépris et la corruption des gens d'autorité, plutôt que dans la colère légitime des hommes de bonne volonté, quel que soit leur rang.

Il est absurde d'en vouloir aux sauvageons, petits et grands. Une personne n'a, fondamentalement, rien de condamnable : c'est son comportement qui l'est. Condamner les êtres pour leur violence spontanée a quelque chose de mesquin. La violence, chez ceux qu'on n'a pas su aider, chez ceux dont on n'a pu résoudre la souffrance, n'est qu'une démonstration de colère : elle ne fait qu'exiger de ses victimes une réponse au malheur de son auteur.

Dans le monde de l'omerta et des politesses insidieuses, la violence peut être l'expression d'une certaine intransigeance morale. Et c'est la recherche assidue de l'authentique qui fait cette intransigeance. Comment définir l'authentique ? N'est-ce pas tout ce qui, nécessairement et spontanément, relève de l'intuition ? Tout ce qui, sincèrement, répond ou ne répond pas au stéréotype ?

La confiance à retrouver, en soi et en l'autre, est sans doute le plus dur des apprentissages. Mais il est indispensable à la paix. Chaque individu abrite en lui un potentiel de réussite collective : il s'agit de le déceler, le révéler et, plus laborieux encore, de l'entretenir. Si beaucoup choisissent de s'en remettre à l'autorité, au dogme, comme pour se dérober à la responsabilité de leur épanouissement, c'est s'engager là sur une fausse piste, faite de peurs et d'illusions : on ne peut, à terme, compter que sur soi-même. Car c'est bien l'autonomie qui mène au respect des règles, et non l'inverse. Éduquer à l'autonomie, voilà le défi de tout pouvoir politique sincère.

D'une certaine façon je me reconnais dans la turbulence de ces jeunes. Je comprends leur comportement comme des bras d'honneur intuitifs adressés à ces êtres d'apparence qui nous entourent, avec leurs manies et leurs certitudes.

Il me semble qu'il y a plus à craindre de congénères obéissants que d'éléments récalcitrants, dans la mesure où l'obéissance a quelque chose d'absolu, d'irréversible, celle-ci méprisant toute logique circonstancielle. Les êtres d'apparence, toute leur vie durant, s'efforceront de cultiver une image d'eux-mêmes en parvenant parfois à s'en satisfaire par une application religieuse des codes.

Toute croyance est ennemie du progrès ; l'acceptation des réalités demandant à certains — ceux que l'esprit critique effraie par son inconfort — un courage insurmontable. Et pourtant, avec un peu de bonne volonté, cette richesse cognitive reste accessible à tous…

Je suis aujourd'hui d'humeur clémente. Un autre jour, je me serais peut-être contenté de penser qu'il y a des claques qui se perdent, voilà tout. Qu'ils se rendent utiles, pour leur épanouissement comme pour celui de la cité, voilà ce qui importe. La turbulence n'est-elle pas une célébration angoissée de la vie ? S'occuper, à tout prix. S'occuper, comme une urgence organique devant la servilité du monde. S'occuper, pour ne pas trop penser à la mort.

Les arômes du tabac oriental me renvoient à l'adolescence, aux bœufs nocturnes interminables ; le clavier d'un piano de bar désaccordé dont on évite soigneusement les touches les plus critiques ; les bitures tranquilles au vin et à la bière en compagnie de camarades qu'on entraîne vers l'affranchissement. À cette période heureuse de l'affirmation de soi, où l'on passe son temps dans les squares et les bistrots plutôt que dans les salles de cours, par abandon de la comédie scolaire, par rejet de tout ce qui relève du devoir académique, de la méthode et de l'évaluation.

Chez moi cette période s'est éternisée, une dizaine d'années peut-être, avant que la pratique intensive du sport m'extraie de la mélancolie et de la paranoïa, des bitures devenues nécessaires, chroniques et solitaires.

Ne suis parvenu à résoudre cette énigme : comment aimer sans souffrances ? Celles qui naissent de la peur. Peur du mensonge, de la déception, de la trahison. N'est-ce pas l'orgueil, né d'une méfiance vengeresse, qui ronge et dissout l'harmonie amoureuse ? Cet orgueil d'officier déchu qui vous laisse, fatalement, à votre solitude animale.

L'équilibre est si fragile. Qu'y a-t-il, entre la confiance aveugle et la suspicion maladive ? Cet espace est-il raisonnablement praticable ? Et si l'amour n'était au fond qu'une nécessité culturelle ?

Je l'avoue, je n'ai jamais aimé les histoires. Elles m'ennuient, par leur petitesse, leur insincérité, leur prévisibilité.

On cherche depuis des siècles à passer, définitivement, du prédateur à l'homme courtois, mais en vain. Si la transition ne s'opère jamais complètement, c'est parce qu'il y a dans la courtoisie la laideur tacite du mensonge. Et le mensonge est d'une violence insurmontable.

On entend nous déposséder, par les artifices de la civilisation, de notre animalité, et pourtant c'est elle qui nous maintient, paradoxalement, dans la vérité. Le besoin de vie sociale aurait supplanté l'instinct de survie. Sauf que le mensonge ne dure jamais.

Tragique réalité que celle du couple, livré aux appels de la chair et aux soucis de la propriété. Mais la croyance en l'amour semble déterminante, pour nous distinguer des bêtes et des cyniques.

Je l'ai connu, souvent, en m'étant peut-être trompé, souvent. Peu importe. L'essentiel n'est pas tant d'y avoir cru, mais d'avoir su en faire un objet de réflexion et de création plutôt qu'une antienne rancunière. Ainsi fonctionne le progrès : par le sacrifice de soi, duquel on tire un espoir renouvelé en l'humanité.

Il n'y a de noblesse effective que dans le courage — celui de s'attaquer au sort des autres, pour en faire un mouvement juste et volontaire.

Et qu'est-ce que le courage, sinon faire ce qui n'est pas attendu de vous ? Choisir de défier l'ordinaire et la fatalité ? Entreprendre, mener et accomplir. Pas de courage sans réel sens de l'humanité.

Suis encore plongé dans l'énigme : souffrons-nous d'abord de l'inconstance des autres ou de sa propre inconstance ? Ou bien des deux alternativement ? À moins que l'inconstance soit chez certains une forme de constance… C'est-à-dire qu'elle aurait sa logique propre, un fonctionnement à décrypter.

J'ai mis un certain temps à comprendre que ma solitude ne tenait pas tant à ma crainte des autres, mais plutôt à l'appréhension que je suscitais, précisément, chez eux. Il me semble que nous avons chacun, et certains peut-être plus que d'autres, un pouvoir d'*induction* prodigieux, souvent mésestimé, vis-à-vis de ceux qui nous entourent. C'est-à-dire que plus vous vous montrez exigeant, en prouvant à terme la cohérence et la légitimité de cette exigence, plus l'on est amené à vous craindre — non votre personne, mais votre regard, votre jugement. Et l'on a, du fait de cette mystérieuse influence, une responsabilité supérieure à assumer au quotidien, auprès de ceux qui n'attendent de vous que vous fléchissiez pour justifier en partie leur propre fléchissement.

Si me fréquenter demande une concentration et une application particulières, c'est que je crois trop en l'homme pour le laisser à sa paresse et à ses faiblesses. Je m'étonne d'ailleurs que nous ne soyons pas plus nombreux à défendre cette mission humaniste, car celle-ci ne demande qu'un peu de courage et de confiance. Mais à vrai dire, il est assez épuisant de savoir que l'on compte sur vous. Car vous, comme tout le monde, aimeriez aussi pouvoir compter, parfois, sur les autres…

On mésestime souvent l'impact de son action, l'importance de sa mission. Il faut en être conscient, de cette importance, pour mieux la maîtriser personnellement et en faire justement profiter le monde.

Je crois que c'est cela, l'égalitarisme actif : respecter ceux qui respectent leur fonction, au-delà de toute pression sociale. Nous sommes tous responsables. En principe, en parole et en action. Le choix de la fonction ne tenant pas tant à la condition ou à la compétence, mais plutôt à l'irrésistible besoin de se savoir utile. Et l'utilité est la première des justices.

Sur les bulletins scolaires de mon enfance revenait souvent cette formule dont je n'ai compris le sens que tardivement : « *Impose-toi* ». Jusqu'alors je considérais cette assurance qu'on attendait de moi comme une attitude tenant de la prétention ou de la vulgarité, sans comprendre qu'elle pouvait être nécessaire, non seulement pour soi-même, mais aussi et avant tout pour les autres. En réalité, c'est cela, « s'imposer » : mettre ses compétences au service de la collectivité. Le problème étant que les premiers à s'imposer s'avèrent généralement, par incompétence désespérée, les moins légitimes à le faire…

Aussi, s'imposer exige un double effort pour celui qui n'en a pas l'habitude : d'une part endurer la lourdeur de ceux qui spontanément s'imposent, et d'autre part dépasser cette même lourdeur pour proposer quelque chose qui lui serait opposé, quelque chose de remarquablement *poétique*.

La vie est un jeu
Ludisme et nécessité de l'action

S'occuper. Les mains et l'esprit. Voilà en substance ce que chacun recherche. De la matière à saisir, à modeler, à transformer. Par nécessité ou non, l'on est amené à penser et agir pour ne pas subir, pour se distinguer.

Au-delà des grands idéaux, au-delà des convictions et des engagements personnels, c'est avant tout notre temps que nous cherchons à combler. La misère n'est-elle pas dans le désœuvrement ? et la richesse dans l'expérience ?

Mais comment s'occuper ?...

Agir devant la fuite du temps

Le temps nous presse et nous contraint, nous angoisse et nous tourmente. Il régit nos vies comme il détermine nos actions au quotidien. Ne dit-on pas « tuer » ou « tromper » le temps quand il s'agit d'échapper à son emprise ?...

Mais d'où nous vient ce rapport conflictuel au temps ? Est-ce là la peur de la perte, de l'altération de soi ? Plus trivialement, la peur du vieillissement, de l'enlaidissement, de l'infirmité ?

Considérons la peur comme un moteur pour l'homme, un moyen de *se dépasser*, et voyons deux approches possibles devant cette fatalité, celle de l'empreinte du temps sur l'être — sur le corps et l'âme réunis.

La première, radicale et calculatrice, est l'autodestruction, qui consiste à rester maître de l'altération éventuelle de soi, c'est-à-dire à se détruire avant que le temps ne le fasse, avant que les autres ne le fassent. L'autodestruction par le choix du pire, la servitude, la malveillance, l'addiction, la mélancolie, etc.

La seconde, naturelle, est de considérer l'évolution de soi non comme relevant d'une destruction obligée, mais d'une construction permanente. Cela se traduit activement ainsi : avoir confiance en l'avenir, en soi et en l'autre. Romancer l'attente pour ne plus la subir ; avec ce que cela implique d'engagements et de facultés créatives. Cette confiance fondamentale s'acquiert, en grande partie, par l'amour et la fidélité de l'autre, d'un partenaire choisi.

Une troisième voie consiste à « se laisser vivre » ; ce qui, d'un point de vue romanesque — car la vie est un roman à écrire courageusement —, revient à « se laisser mourir », en s'aidant au mieux de superstitions…

L'homme est un être conscient : celui-ci ne peut décemment se satisfaire d'une vie à attendre. Il ne s'agit pas d'opposer fatalisme et volontarisme — les deux étant sans doute complémentaires —, mais la conscience de la brièveté de la vie mène immanquablement à l'action, fût-elle inutile ou maladroite. Car l'homme a besoin de reconnaissance, et c'est par l'action qu'il satisfait ce besoin fondamental.

S'occuper en s'occupant des autres, voilà le propre de tout être doté d'empathie et de sensibilité sociale. Mais au-delà du grégarisme et de l'altruisme, est-on là aussi mû par une peur ? celle de la solitude ?…

En somme, nous ne pouvons échapper à la fuite du temps mais nous pouvons nous rassurer en œuvrant à l'universel, à l'intemporel : par la culture, l'art, la science, et la participation à un monde suprasensible. C'est en quelque sorte le mouvement vers l'idéal qui nous sauve d'un immobilisme morbide, des tourments de l'attente.

Interagir

Plus qu'un moyen de se rendre utile, le travail est au fond une nécessité anthropologique : sa première fonction, en quelque sorte, est de faire oublier à l'individu sa mortalité. Ce qui meut le corps et l'esprit nous libère temporairement de la conscience douloureuse de la mort. Nous faisons les choses par idéalisme : par utopie de l'immortalité, par foi en l'inaltérable. Pour ne pas « trop penser » à soi, à ce qui nous attend. D'où l'importance de *croire*. Croire en quelque chose qui nous passionne, nous élève, nous dépasse. Et c'est là le côté pratique des mythes, des religions et des grandes idéologies politiques : offrir un récit idéal, intemporel, aux inconsolables.

Si nous sous-estimons notre pouvoir de résilience, c'est parce que celui-ci ne dépend pas que de nous ni de la science, mais aussi de la grâce et du hasard des rencontres — qu'elles soient humaines ou conceptuelles. Il y a là une part d'arbitraire, à laquelle on peut, en tant qu'être de contrôle, difficilement se résoudre. Il faut savoir accepter le mystère des choses : tout n'est pas maîtrisable, calculable, prévisible. Faire confiance au temps, c'est aussi faire confiance au mystère des choses — en d'autres termes, au pouvoir de la nature —, et garder son humilité d'homme imparfait.

Doit-on mériter son bonheur ? La question est vaine puisque le bonheur ne se fait pas sans les autres. On peut le mériter en théorie, dans l'absolu, en le conquérant par sa conduite et ses efforts, mais en pratique il naît de l'échange, de l'*interaction* avec une ou plusieurs personnes susceptibles de le valider.

Et si ces gens ne semblent pas épanouis, c'est probablement qu'ils manquent d'occupations *intelligentes* (c'est-à-dire vertueuses et constructives), ou que leurs occupations sont trop virtuelles, trop égocentrées (tel que nous le voyons aujourd'hui avec l'utilisation systématique des écrans et la multiplication des métiers improductifs de bureau) — en somme, trop peu *humaines*.

Une pensée ici pour tous les collègues chômeurs (malgré eux) que le monde du travail, avec ses lois de la prédation et de la soumission, a marginalisés, déclassés, abandonnés. Courage !

Pour prétendre à un peu de sérénité, il est important de se rappeler les trois principes suivants. Primo, nous sommes imparfaits. Secundo, la douleur fait partie de la vie. Tertio, tout s'arrange (avec le temps). Et ayons ceci en tête : la douleur n'a pas pour fonction de nous atteindre, mais de nous renforcer. En nous faisant prendre conscience de notre vulnérabilité, elle est une invitation à la résistance.

Ainsi, vivre comprend deux grands impératifs : *survivre* et *progresser* — individuellement et collectivement. Par le produit de notre effort nous nous distinguons : qu'on travaille pour sa survie ou au progrès de l'humanité, l'essentiel est d'œuvrer pour ce que l'on estime être le plus juste en fonction de sa temporalité.

Agir en jouant

Toute notre vie durant nous cherchons à retrouver cet état d'émerveillement qu'est l'enfance sans jamais y parvenir complètement. En même temps, nous ne cessons jamais complètement d'être des enfants dans notre besoin de nous occuper. C'est-à-dire que l'instinct de jeu qui nous anime dans l'enfance ne s'éteint pas : il se transforme, à l'âge adulte, en une force plus ou moins prégnante que la société tend à ignorer, à étouffer, au nom du « sérieux ».

La fin de l'innocence et le passage à l'âge adulte — avec son lot de contraintes, de déceptions et d'absurdités — peuvent, d'une certaine façon, être vécus comme une première « mort » de l'être. En ce sens, l'engagement dans le monde adulte s'accompagne de la nécessité de « réapprendre à vivre », impliquant un deuil réussi de l'enfance.

Ainsi, ce qui motiverait l'homme, ce qui le pousserait à agir, à créer, à se sacrifier, serait moins la peur de la mort que la peur de s'éloigner de l'enfance. Mais qu'abandonne-t-on ainsi ? Disons simplement que la meilleure façon de ne pas perdre son âme d'enfant est de continuer à la faire grandir — d'en faire une responsabilité d'adulte. Par ailleurs, nous n'avons aucune raison d'avoir peur de la mort, car pourquoi avoir peur de quelque chose que nous ne connaissons pas ? Seules les choses connues peuvent être à craindre. Le reste doit être source de curiosité.

L'on en vient à cet amusant paradoxe : puisque l'apprentissage est le propre de l'enfant, alors le plus *puéril* des adultes est celui qui toujours apprend — la *puérilité* devant être comprise ici comme une qualité précieuse à cultiver. Et celui qui n'apprend plus a déjà un pied dans la tombe. Nous ne parlons pas nécessairement d'apprentissage académique, mais au moins d'apprentissage par l'expérience — par le jeu.

Imaginez ceci : tout ce que nous faisons, nous le faisons par jeu — du moins par goût du jeu. C'est-à-dire que fondamentalement tout est dérisoire. Il n'y a de gravité nulle part, sauf dans l'injustice des hommes, c'est-à-dire dans la tricherie, la trahison et le non-respect des règles du jeu (l'injustice de la nature étant insoluble car indépendante de la volonté humaine).

Réagir

Qu'est-ce qui distingue un évènement d'un non-évènement ? Les choses n'ont-elles pas l'importance qu'on veut bien leur donner ? En quelle mesure la sensibilité personnelle est-elle une sensibilité universelle ?

Si chacune de nos actions naît d'un rapport conflictuel au temps — ou, dit autrement, d'une angoisse (ancestrale ?) de l'ennui —, alors la priorité de tout être social est d'apprendre à employer son temps le plus *pacifiquement* possible.

Ainsi, les complots ne sont pas que des entreprises de nuisance et de domination : pour les comploteurs ils sont avant tout un moyen d'occuper leur temps. Les agressions ne sont pas que des manifestations sporadiques du mal : elles sont avant tout des demandes de jeu contrariées.

Toute action naît sous la pression du temps qui passe. C'est-à-dire que toute action est une réaction. Et dès lors qu'on ne perçoit plus le temps comme une contrainte, mais comme un moyen de travailler à sa liberté — et à celle des autres —, alors tout s'apaise.

Connaître et comprendre soulagent. Voilà deux besoins fondamentaux que le culte de l'image — de l'immédiateté et de la superficialité — tend dangereusement à mépriser. Quand on substitue la démagogie à la pédagogie, la croyance à la science et l'autoritarisme à la logique, on fait des citoyens des esclaves. Ceux-ci n'élisent même plus des maîtres, mais directement des bourreaux ! Sans possibilité d'explication, sans effort de recherche, de réflexion et de contextualisation, l'homme se voit livré à ses angoisses, ses frustrations et ses obsessions. Il cherche maladivement à *comprendre*.

Produire, aussi, soulage. Mais une œuvre peut-elle s'affirmer intrinsèquement, dans l'innocence et l'indépendance de l'intention créative, ou s'affirme-t-elle nécessairement en tant que construction compensatoire, en tant que réponse — plus ou moins évidente, plus ou moins consciente — à une œuvre existante ?

Pour comprendre une société, n'est-il pas indispensable de connaître son histoire ? Pour comprendre l'homme présent, n'est-il pas indispensable de connaître son passé ? Qu'est-ce qui, pour l'homme comme pour la société, constitue un évènement susceptible d'en atteindre la normalité, d'en bouleverser l'identité ?...

Le couple comme unité d'action

Cette approche enthousiaste et tendrement ironique de la vie, qui fait de l'imagination l'une des plus grandes forces de l'homme, nous la nommerons *ludisme*.

Le ludisme pourrait s'apparenter au romantisme dans la mesure où il entend célébrer le couple comme une puissante unité d'action et de résilience — sociales, politiques et sanitaires. Seul l'amour est sérieux. Mieux : il est le plus sérieux des jeux. L'amoureux/euse étant d'abord un partenaire de jeu privilégié, exclusif. Il s'agit de grandir à deux, de souffrir à deux. C'est cela, le couple : suspendre le temps, collectionner des moments de grâce, annuler ses peurs dans le partage et l'intimité. Sans fidélité, pas de confiance possible. Et sans confiance, pas de bonheur durable.

Malheur à celui ou celle qui croit pouvoir réduire le couple à une nécessité socio-économique et l'amour à une affaire de plaisirs charnels. Matérialistes et pornographes, malgré la place de choix qu'ils occupent dans nos sociétés modernes, sont condamnés à la frustration. En ignorant le mystère des associations humaines, en méprisant la complémentarité temporelle et spirituelle des êtres, ils ne font que s'autodétruire.

Certains verront probablement dans le ludisme une forme d'irresponsabilité ou un rejet des devoirs et obligations d'adulte vis-à-vis de la collectivité. Cependant nous vivons une époque où, sous le règne de l'individualisme, les gens les plus sincèrement attachés à l'idée de collectivité sont mécaniquement les plus seuls… Le jeu — qui exige un subtil équilibre entre stratégie et spontanéité — n'empêche pas la responsabilité : il nous invite à être inventifs, réactifs et efficaces autant, sinon plus, que la contrainte !

Le ludisme s'adresse à ceux qui n'ont pas renoncé à l'émerveillement, à ceux qui entretiennent et transmettent le goût du risque et de l'intelligence réunis, à ceux qui aiment construire des histoires, inventer des mondes, suggérer, avancer.

Dans une société qui n'aurait à offrir comme spectacles que la violence et la misère, où régneraient la machine et le profit, l'apparence et l'ego, le ludisme prônerait l'élégance du geste, de l'intention.

Aux êtres innocents, enfants et adultes, victimes d'agressions diverses de leurs congénères : on vous jalouse pour votre vitalité. Vos bourreaux, eux, sont déjà morts : ils ont cessé de jouer.

Si tout est dérisoire chez les hommes, alors la défaite l'est autant que la victoire. Le ludiste, lui, ne connaît pas l'abandon.

Le sport, un domaine méprisé des penseurs

Étonnamment, l'on trouve peu d'écrits philosophiques sur la pratique du sport en tant que condition essentielle à l'équilibre (moral) de l'individu comme de la société. Outre les mécanismes physiologiques et hormonaux liés à l'effort sportif, il s'agit là aussi d'un besoin fondamental qu'on peut associer à cet instinct de jeu et de compétition — envers soi et envers autrui — qui nous habite toute notre vie durant.

Quand il n'est pas méprisé par nos intellectuels (dont la silhouette laisse souvent à penser qu'ils sont plus familiers des banquets mondains que des pistes d'athlétisme…), le sport est relégué — y compris par l'institution scolaire — au rang d'activité secondaire, futile ou simplement récréative. Certes il n'est pas une activité productive à proprement parler, cependant l'on a tendance à sous-estimer sa fonction *régulatrice* dans la mesure où il permet à chacun de connaître et maîtriser son corps, ses limites, ses besoins, en une savante alternance entre tension et relâchement.

Qu'il s'agisse de disciplines individuelles ou de disciplines collectives, l'effort sportif responsabilise l'individu, le pourvoit d'automatismes de défense et d'attaque, le forme au mérite et à l'endurance. Le sport est indispensable à la *progression* de l'être en ce sens qu'il appelle le défi et la stratégie, invitant à la confiance autant qu'à l'humilité. Il est, par extension, indispensable au maintien d'une certaine paix sociale, dans la mesure où il sert — personnellement et culturellement — d'exutoire pour les plus nerveux d'entre nous !

Par ailleurs, les sportifs purs et durs ne doivent oublier que le cerveau aussi est un muscle à solliciter avec courage et assiduité... La pensée étant un sport d'endurance, et l'intelligence résidant d'abord dans la polyvalence.

Discourir, une activité contre-révolutionnaire

Si l'on considère comme « révolutionnaire » toute activité humaine qui tend à renverser un système de gouvernance inique et corrompu, alors le discours — fût-il « d'opposition » — doit être perçu comme superficiel, voire parasite. L'orateur étant avant tout un séducteur — dont il ne faut jamais sous-estimer la mégalomanie ni le besoin pathologique d'exhibition.

Le discours politique — oral ou écrit — n'est souvent qu'une manière de canaliser la colère populaire, de l'orienter en faveur d'intérêts partisans ou électoraux, quand il ne sert pas la névrose de celui qui le produit. Dans les faits, seule vaut la radicalité de l'action. Et sous un régime devenu illégitime, la violence envers ce régime devient légitime pour le citoyen. On ne peut renverser un système en se bornant à respecter les règles dudit système… « Prendre le pouvoir », par définition, implique qu'on ne demande pas la permission…

En ce sens, voyons l'hypocrisie de la « liberté de manifestation » garantie par tout système démocratique. Allons, qu'est-ce qu'une parade pédestre, aussi massive soit-elle, peut-elle changer en profondeur à une situation de crise sociale ? Il ne s'agit là que d'une démonstration de mécontentement *autorisée*, organisée, disciplinée. En quoi l'autorité est-elle atteinte par ce qu'elle peut contrôler ?…

Les manifestants *jouent à* la révolution : ils ne la *font* pas. Encadrés par les syndicats et les différents partis d'opposition soumis aux règles de la démocratie, les gens se trouvent pris au piège de la politique-spectacle en se contentant de « suivre le mouvement », souscrivant plus ou moins malgré eux à un folklore para-révolutionnaire, à une catharsis citoyenne.

La révolution ne se fait pas en paradant mais en *ciblant*. En ciblant — pacifiquement mais fermement — les lieux et les gens de pouvoir. En laissant libre cours à la colère populaire. Advienne que pourra. La révolution se passe de calculs politiciens et de discours enflammés, qui s'avèrent à terme lénifiants. Elle est l'expression d'un instinct social, d'une urgence anthropologique.

Cependant, la révolution se fait aussi avec le temps. Sont indispensables la pédagogie, la formation, la suggestion. Politiser la jeunesse, l'armer d'esprit critique et d'esprit d'initiative. La sortir du pseudo-confort libéral, la rendre intransigeante devant l'injustice ; l'orienter vers l'apprentissage de savoir-faire pouvant être utiles au moment de bascule révolutionnaire — chimie, pyrotechnie, sécurité informatique, etc. Voilà, concrètement, ce que veut dire *s'opposer* à une autorité corrompue. Le reste relevant de la littérature ou de la représentation.

La politique, un jeu pour adultes devenu ennuyeux

Trahison des intérêts du peuple et de la nation, affaires de corruption en tous genres, délinquance financière ou sexuelle, promesses non tenues et abus de pouvoir répétés…, les hommes politiques nous ont habitués à les détester. D'ailleurs nous pouvons franchement nous étonner de la patience des gens envers leurs dirigeants. Si l'insulte est le minimum requis, le coup pourrait arriver sans grande difficulté au vu du mépris systématique de ces derniers et des envies punitives grandissantes de la population. Ce que nous ne souhaitons évidemment pas, la violence ne faisant qu'engendrer de la violence en un cycle d'inévitable régression.

« Tous pourris », cette expression populaire employée pour désigner l'ensemble de la classe politique, d'un extrême à l'autre, résume bien la situation actuelle : alors qu'on fait s'opposer grossièrement les gens, à l'aide de médias complices ou paresseux, selon l'éternel clivage idéologique entre « gauche » et « droite », entre progressisme de salon et conservatisme de bistrot (ou l'inverse), le pays est livré toujours plus aux prédateurs internationaux du capitalisme financier — agents destructeurs de nations, banquiers sans foi ni loi et lobbyistes de tous bords…

Il revient au peuple abusé, au peuple éclairé, de sonner la fin de la récréation. Si une élite est nécessaire pour gouverner un pays, celle-ci est tenue de prouver sa légitimité, son honnêteté et sa compétence chaque jour que le peuple lui permet de garder le pouvoir. Ce qui nous est proposé aujourd'hui comme jeu politique ressemble bien plus à une mauvaise pièce de théâtre qu'à l'expression de quelque pluralisme démocratique : ces comédiens en col blanc, qui s'efforcent de toujours dénoncer les conséquences en taisant les causes, qui divisent les gens et idéologisent les luttes pour d'obscurs intérêts tribaux, ne divertissent plus personne. Passons donc à *autre chose*. Quelque chose de sérieux.

ISBN 979-10-981692-0-5

Dépôt légal : février 2026

Imprimé à la demande par Amazon KDP

rorikdv@gmail.com

—

rorikdv.wordpress.com

www.ingramcontent.com/pod-product-compliance
Lightning Source LLC
LaVergne TN
LVHW090529110826
845146LV00003B/1033

9791098169205